VOCÊ TAMBÉM PODE
SER UMA

BRUXA

FEITIÇOS PARA DESPERTAR
SEU PODER INTERIOR

⋙⋙⋙ • ⋘⋘⋘

Título original: *Anyone Can Be a (Perfect) Witch*

Copyright © 2022 por White Star S.R.L.
Piazzale Luigi Cadorna, 6 - 20123 Milão, Itália
www.whitestar.it
Copyright da tradução © 2023 por GMT Editores Ltda.

Vívida

Vívida™ é uma marca registrada da White Star S.R.L.

Todos os direitos reservados. Nenhuma parte deste livro pode ser utilizada ou reproduzida sob quaisquer meios existentes sem autorização por escrito dos editores.

Publisher: Balthazar Pagani

tradução: Carla Melibeu
preparo de originais: Lara Berruezo
revisão: Anna Beatriz Seilhe e Hermínia Totti
capa e projeto gráfico: PEPE nymi
diagramação e adaptação de capa: Natali Nabekura
impressão e acabamento: Ipsis Gráfica e Editora

CIP-BRASIL. CATALOGAÇÃO NA PUBLICAÇÃO
SINDICATO NACIONAL DOS EDITORES DE LIVROS, RJ

H326v

    Hawthorn, Ambrosia
      Você também pode ser uma bruxa / Ambrosia Hawthorn ; tradução Carla Melibeu. - 1. ed. - Rio de Janeiro : Sextante, 2023.
      176 p. : il. ; 23 cm.

      Tradução de: Anyone can be a (perfect) witch
      ISBN 978-65-5564-740-2

      1. Magia. 2. Feitiçaria. I. Melibeu, Carla. II. Título.

23-85626   CDD: 133.43
                        CDU: 133.4

Meri Gleice Rodrigues de Souza - Bibliotecária - CRB-7/6439

Todos os direitos reservados, no Brasil, por
GMT Editores Ltda.
Rua Voluntários da Pátria, 45 - Gr. 1.404 - Botafogo
22270-000 – Rio de Janeiro – RJ
Tel.: (21) 2538-4100 – Fax: (21) 2286-9244
E-mail: atendimento@sextante.com.br
www.sextante.com.br

AMBROSIA HAWTHORN

VOCÊ TAMBÉM PODE SER UMA BRUXA

FEITIÇOS PARA DESPERTAR SEU PODER INTERIOR

ILUSTRAÇÕES DE
Giulia Varetto

SEXTANTE

SUMÁRIO

INTRODUÇÃO

P. 7

Capítulo 1

ÁREAS DA VIDA EM QUE A MAGIA PODE AJUDAR VOCÊ

P. 11

Capítulo 2

A MAGIA NOS RELACIONAMENTOS

P. 27

Capítulo 3

A MAGIA NO COTIDIANO

P. 43

Capítulo 4

ADIVINHAÇÃO E INTUIÇÃO

P. 59

Capítulo 5
MAGIA COM O EU
P. 75

Capítulo 6
BEM-ESTAR BRUXO: SEU CORPO É VOCÊ
P. 91

Capítulo 7
VOCÊ E SEU COVEN
P. 107

Capítulo 8
OBJETOS MÁGICOS
P. 123

Capítulo 9
FEITIÇOS
P. 139

Capítulo 10
ESCOLHA O SEU ANIMAL
P. 157

INTRODUÇÃO

Está ouvindo esse chamado que vem lá de dentro de você? A bruxaria, em essência, é um convite.

Ela se manifesta no mundo à nossa volta, muitas vezes se revelando de formas misteriosas. É como uma mão amiga, oferecendo-lhe a oportunidade de manifestar desejos, canalizar sua força interior e promover mudanças positivas em sua vida. E a melhor parte é que você já tem o que é necessário para começar. Só precisa perguntar a si mesma se vai aceitar o convite. Está disposta a se erguer e encarar a si e ao mundo que a cerca?

Você não tem que se preocupar em ser perfeita ou ser melhor que os outros. A bruxaria pede franqueza, autenticidade, pede que você seja verdadeira. Ela é crescimento, e seguirá evoluindo porque sempre existe uma necessidade de mudança.

Antes de continuar, quero contar um pouco sobre mim. Meu nome é Ambrosia Hawthorn e sou uma bruxa experiente. Escrevi *O livro de feitiços para novas bruxas*,

Seasons of Wicca e *The Wiccan Book of Shadows*. Também fundei a *Witchology Magazine* (revista para bruxas e bruxos modernos) e sou instrutora no Venefica Cottage. Nascida no norte da Califórnia, cresci acreditando na bruxaria, e se hoje estou aqui é porque minha curiosidade e meu amor pela magia nunca me abandonaram.

A bruxaria não é uma sociedade secreta, tampouco é exclusiva a um grupo seleto. Qualquer pessoa pode ser uma bruxa. Sim, você também. E não existe um jeito errado de ser uma bruxa. Desde o primeiro dia a sua prática já tem valor. Você não precisa de uma iniciação, a não ser que queira entrar para uma tradição ou um coven específico, ou se pretende fazer o seu próprio ritual. Tudo isso são escolhas que você pode fazer se quiser. O mais importante é ter dedicação, bem como respeito por si mesma, pelos outros e pelo ofício.

Neste livro, explicarei como se tornar uma bruxa – do seu jeito. É possível criar mudanças positivas na sua vida, e esse poder está ao seu alcance. Como arte intuitiva que é, a bruxaria orienta o praticante a manifestar desejos e objetivos. Aliada à intenção, é uma força poderosa para gerar grandes transformações.

Só de estar aqui, lendo este livro, é sinal de que você já ouviu o chamado da magia, já sentiu a atração por aquele "algo mais".

Talvez você tenha dúvidas (como eu tinha) sobre o assunto, ou esteja apenas em busca de um novo conhecimento. Neste livro, espero lhe trazer respostas aprofundadas e informações valiosas, fornecendo assim as ferramentas necessárias para que você trilhe um caminho vitorioso e gratificante. Esteja você querendo praticar mais feitiços ou promover mudanças, está no lugar certo.

Fico honrada que venha aprender comigo a incorporar elementos de magia e bruxaria na sua vida cotidiana, a honrar sua força interior e a fazer feitiços. Desejo o melhor para você na sua jornada pela bruxaria e espero que as ideias, lições e filosofias que reuni aqui lhe façam bem como fazem a mim.

~ Capítulo 1 ~

ÁREAS DA VIDA

EM QUE A MAGIA PODE AJUDAR VOCÊ

Áreas da vida em que a magia pode ajudar você

A magia pode ser encontrada no mundo à nossa volta, e neste capítulo vou ensinar você a incorporá-la ao seu cotidiano. Acredite em si mesma e estabeleça intenções claras para fortalecer a magia na sua vida.

Construa confiança na bruxaria e manifeste os desejos da sua vida para criar as mudanças que busca. Você está no caminho certo para infundir feitiçaria ao mundo que a cerca e se tornar, assim, uma verdadeira bruxa.

É possível experimentar a magia em diferentes áreas da existência – no trabalho, nos estudos, na vida social, na prática de atividades físicas e nos afazeres cotidianos.

É nessas ações recorrentes que a magia é útil. Esses atos, quando realizados com intenção e/ou atenção plena, também são chamados de vivência mágica. Essas tarefas, às vezes banais ou monótonas, podem ser consideradas rituais cotidianos, nos quais é possível incorporar magia para obter mais positividade e sucesso.

Um dos principais objetivos da magia é conectar o eu interior ao exterior e cultivar a energia, sempre com um propósito. O eu interior é onde residem intenções, emoções, sentimentos e pensamentos. O eu exterior consiste no corpo e nos sentidos físicos. Ao final deste capítulo, preste atenção nas formas de incorporar magia nas diferentes esferas da vida.

Dê uma chance às sugestões, experimente-as, veja o que funciona ou não. O que não funciona é tão importante quanto o que funciona. Você vai aprender a identificar o que é importante para a sua realidade, aproveitar o que lhe atende e desconsiderar o restante.

Este capítulo traz um monte de assuntos legais da bruxaria – como trabalhar com ferramentas mágicas, quiromancia, sigilos, adivinhação e oráculos, respiração, delimitação de cantinho sagrado e o uso diário da magia. Magias podem ser feitas a qualquer instante, mas aprender a trabalhar com os ciclos é uma maneira gratificante e potente de se conectar à magia que existe na sua vida.

Áreas da vida em que a magia pode ajudar você

CARREIRA

A magia dentro de você pode resolver problemas no trabalho, melhorar o raciocínio e a comunicação e reduzir o estresse. Ela pode ajudar em muitos aspectos – desde conseguir uma promoção e bons resultados até encontrar o emprego ideal. Para criar um feitiço profissional perfeito, misture quaisquer itens das categorias a seguir, concentre-se nos seus anseios para a carreira e tempere tudo com uma pitada de fé. Você está no caminho certo para incorporar a bruxaria ao local de trabalho e se tornar uma bruxa.

ERVAS E ESPECIARIAS: Use para fazer chás, temperar refeições ou leve-as consigo em um saquinho com outros elementos. Experimente pimenta-do-reino, alecrim, manjericão, canela, louro ou camomila.

CRISTAIS: Deixe-os na sua mesa de trabalho, leve-os no bolso ou na bolsa, use em anéis e colares. Você também pode levá-los num saquinho para segurar enquanto medita ou mentaliza desejos. Experimente citrino, pedra do sol, cornalina, sodalita, ônix, pirita, ametista, selenita, aventurina, olho de tigre, fluorita, jade e rubi.

VELAS E CORES: Escolha as roupas com uma intenção em mente, usando cores específicas; acenda uma vela ou decore sua mesa, tudo isso de modo a alcançar a excelência na sua área. Experimente amarelo para trazer alegria e para ambientes coletivos; laranja para ambição, criatividade e coragem; verde para prosperidade, novos projetos e ideias; e marrom para saúde, energia e resistência.

FASES DA LUA: Alinhe seus projetos e objetivos profissionais às fases da lua: lua nova para começos e decisões profissionais em geral, e lua crescente para definir metas e obter motivação.

ESTUDOS

Acredite em si e estabeleça intenções claras para potencializar a magia voltada aos estudos. Todos sabemos que prazos de entrega, provas, equilíbrio de prioridades e a pressão dos colegas podem nos causar estresse e tensão. Alivie esses fatores e aprenda a confiar na sua força, independentemente do que você esteja estudando.

Você não precisa de um aparato completo de ferramentas e ingredientes para ser uma bruxa nem para preparar feitiços. A seguir mostrarei o que já existe de magia ao seu alcance. Aproveite o que tiver à mão e domine o ofício usando o mínimo de ferramentas e objetos.

PLANNER MÁGICO: Experimente usar uma agenda para se programar de acordo com a energia planetária e assim potencializar feitiços e manifestar desejos. Você também pode usar o planner para observar as fases da lua, planetas em retrogradação, transições de signos solares e as datas dos planetas do seu próprio mapa astral.

QUIROMANCIA: Explore a arte de ler as linhas das mãos e se conectar com a sua intuição. Todas as linhas e marcas contêm significado ou mensagens. Para saber mais sobre quiromancia, pesquise na internet ou em livros para entender quais são e o que significam as linhas, os dedos e os montes das mãos. Você vai ter uma ideia do que revelam as linhas do coração, da cabeça, da vida e do destino.

MAGIA COM SIGILOS: Desenhe sigilos (que são um tipo de símbolo) em pedaços de papel em branco para foco, vitórias e motivação. Os sigilos mais fáceis de criar são formas feitas a partir de palavras de incentivo, como "Estou focada".

Áreas da vida em que a magia pode ajudar você

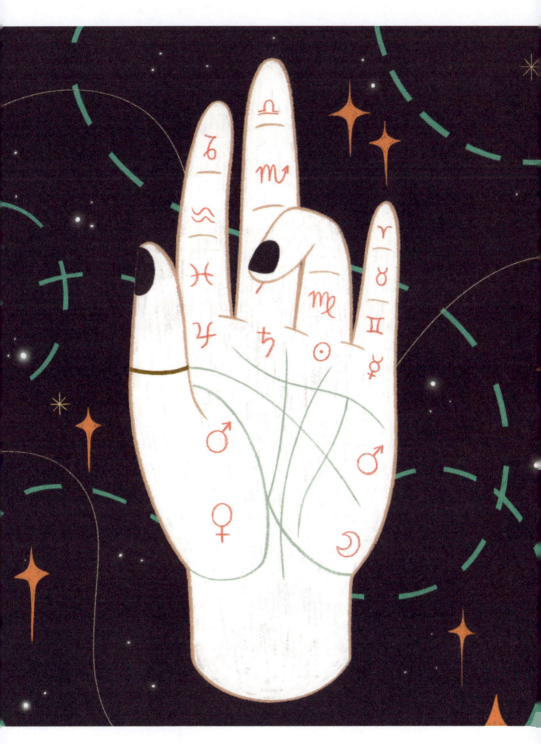

VIDA SOCIAL

Você já se sentiu nervosa ou pouco à vontade antes de um evento social? Talvez isso aconteça antes de você entrar em uma sala, sair para encontrar alguém ou para um evento, se entrosar com desconhecidos ou puxar papo. Grandes ou pequenos, os ambientes sociais fazem parte da nossa vida; seja você introvertida ou extrovertida, a bruxaria pode ajudar a atravessar esses momentos de nervosismo, insegurança ou mesmo medo.

TALISMÃS: Encha um pote, uma garrafinha ou uma trouxinha de pano com camadas de ervas e especiarias, como cravo-da-índia, pimenta-do-reino preta, anis-estrelado, raiz de valeriana, raiz de alcaçuz, chá verde ou gengibre. Esses itens proporcionam força e relaxamento para encarar eventos sociais.

AMULETOS OU CRISTAIS: Use um cristal que tenha à mão, seja num colar, num anel, etc., para limpar as velhas energias passando-o em água ou fumaça; em seguida, passe o objeto em algum dos ingredientes indicados acima. Lembre-se de definir suas intenções antes de usar o cristal ou carregá-los consigo em eventos sociais.

RESPIRAÇÃO: Use a respiração como ferramenta ou como método (sem necessidade de ingredientes) para recuperar a compostura e a confiança em qualquer situação social. Relaxe os ombros e inspire lentamente pelo nariz por quatro segundos. Retenha o ar por dois segundos e solte por quatro segundos. Faça isso repetindo palavras de incentivo ou entoe um cântico entre uma fase e outra da respiração, como "Eu estou relaxada, eu sou forte, eu estou despreocupada".

Áreas da vida em que a magia pode ajudar você

ATIVIDADE FÍSICA

Seja você atleta, frequentadora de academia ou praticante de outras atividades físicas, a bruxaria pode ajudar a atingir seus objetivos. Existem muitas maneiras de incorporá-la à rotina de exercícios; algumas dessas formas incluem pré-rituais e um cantinho sagrado. O foco principal do bem-estar bruxo é conectar a mente e o corpo, visando aumentar a energia tendo em vista uma meta. Os treinos em si são rotinas não muito diferentes de uma prática mágica.

RITUAIS PRÉ-TREINO: Antes de qualquer ação (mágica ou não), é importante se preparar para as rotinas e os rituais. Energize a garrafinha de água do treino segurando-a nas mãos e concentrando-se no que pretende conquistar com a atividade física. Mentalize

a garrafa envolta em uma luz branca ou em sua aura. Pratique uma respiração profunda e relaxada e concentre-se nas suas intenções. A cada gole, recapitule seus objetivos e sinta a energia da água energizada nutrindo e fortalecendo você.

CANTINHO SAGRADO: Defina uma área sagrada e segura em qualquer lugar onde vá praticar a atividade física. Pode ser na academia, numa quadra esportiva ou talvez no seu cantinho de exercícios em casa. Defina esse lugar como o marco inicial da sua prática de atividade física. Tome um gole da água energizada e sinta a força dela. Permita-se um instante para perceber a chegada a esse espaço como a transição para o início da prática. Esse momento é chamado de "demarcação do espaço sagrado". Volte a esse local após o treino a fim de retirar excessos de energia usando os pés para aterramento, "fechando o espaço sagrado". Esse espaço é seguro e protegido de forças externas, pensamentos negativos e energias indesejadas.

ATIVIDADES DIÁRIAS

A magia é útil em atividades cotidianas como cozinhar, fazer faxina, descansar, deslocar-se para o trabalho e até caminhar. Como já mencionei, quando feitos com intenção e/ou atenção mágica plena, esses atos também são chamados de vivência mágica e podem ser considerados rituais cotidianos. Neles você pode acrescentar magia para conseguir positividade e sucesso. Seguir rotinas lhe permite trabalhar com os ciclos próximos a você. Sincronize as atividades com os dias da semana. Praticar respiração, meditação, mentalização ou contemplação durante essas atividades cotidianas também pode ajudar a mente a se enraizar no presente e expandir a consciência.

MAGIA DIÁRIA: Aproveite a magia de cada dia seguindo os ciclos. Programe as tarefas diárias de acordo com intenções de cada momento mágico do dia, listados a seguir.

NASCER DO SOL/MANHÃ: Quando o sol desponta no horizonte inspira novos começos, mudanças, saúde, trabalho, renovação, ressurreição e direcionamento certo. Também traz uma energia muito purificadora.

MEIO DA MANHÃ: Momento em que o sol está ficando mais forte, trazendo consigo o poder mágico do crescimento, energia positiva, resoluções, coragem, harmonia, felicidade, força, realização, projetos, prosperidade e ideias.

MEIO-DIA: Momento em que o sol atinge o pico no céu. É a melhor hora do dia para fazer magias relacionadas a saúde, energia física, sabedoria e conhecimento. Também é um excelente momento para colocar ao sol as ferramentas e cristais que precisam ser energizados.

Áreas da vida em que a magia pode ajudar você

TARDE: Quando o sol começa a descer a energia é boa para trabalhar em assuntos profissionais, de comunicação, clareza, viagens, pesquisas e tudo o que seja relacionado ao trabalho.

PÔR DO SOL/NOITE: À medida que o sol se põe, use a magia para aliviar depressão, estresse e confusão, para desapegar ou descobrir a verdade por trás de alguma situação.

MEIA-NOITE: O início de um novo dia de 24 horas, a meia-noite é o momento em que a comunicação espiritual é mais forte. Use essa janela de tempo para aprimorar sua quietude, seus trabalhos espirituais e suas habilidades psíquicas.

FOCO

CENTRAMENTO E ATERRAMENTO

Centrar-se é reforçar a ligação consigo mesma, permitindo que você se concentre no relacionamento com sua energia, ajudando a fazer bom uso dela. O centramento em geral anda de mãos dadas com o aterramento, por serem técnicas que ajudam no equilíbrio geral e energético.

Centre-se e aterre-se quando se sentir inquieta, sobrecarregada, desconcentrada, esquecida ou com a autoestima baixa. A maneira mais fácil de obter centramento e aterramento é pela prática da meditação e da visualização.

CENTRAMENTO: Encontre um lugar tranquilo para se sentar e comece a respirar longa e profundamente. Quando estiver relaxada, visualize sua energia. Esfregue com delicadeza as mãos uma na outra e separe-as devagar, concentrando-se no espaço entre elas. A sensação de formigamento que surgir provém dos fios de energia esperando para serem usados.

ATERRAMENTO: Sente-se em uma posição confortável e se concentre na respiração. Em seguida, visualize todo o excesso de energia acumulado deixando o seu corpo e se dispersando no chão.

FOCO

LINHAS DE QUIROMANCIA

*E*xistem quatro linhas principais que você pode ler na palma da mão: coração, cabeça, vida e destino. As linhas da mão podem ser bem definidas, quebradas, apagadas e até mesmo inexistentes.

CORAÇÃO: A linha do coração cruza horizontalmente a parte superior da palma. Ela nos oferece uma visão sobre relacionamentos, emoções e possibilidades de crescimento pessoal. Quanto mais profunda essa linha, mais profundos são seus sentimentos de amor e afeição.

CABEÇA: Logo após a linha do coração vem a linha da cabeça, representando o intelecto e o raciocínio. Uma linha reta revela alguém de postura mais lógica; se a linha for curva, é indicativo de criatividade.

VIDA: A linha da vida começa entre o polegar e o dedo indicador e desce em direção ao pulso. Ela revela o entusiasmo pela vida, e não o tempo que a pessoa viverá.

DESTINO: A linha do destino geralmente é uma linha reta e vertical que divide a palma da mão em duas partes. Ela revela os propósitos e direções na vida. Se a linha for reta, considera-se que a pessoa trilhará o caminho mais direto.

~ Capítulo 2 ~

A MAGIA
NOS RELACIONAMENTOS

A magia nos relacionamentos

No capítulo anterior, vimos como a magia pode ajudar em situações ou eventos sociais do dia a dia, mas esse foi apenas o começo. A bruxaria pode ser útil em muitas áreas da vida, o que inclui relacionamentos de todos os tipos. Seja nas relações com amigos, familiares, parceiros, comunidades, vizinhança ou até mesmo com inimigos, ao praticar qualquer tipo de magia é essencial estar atento à forma como você cria mudanças ou manipula as energias ao seu redor.

Antes de fazer feitiços que envolvam terceiros é essencial definir limites e se questionar objetivamente: onde se situa a sua ética ao fazer feitiços envolvendo outras pessoas?

Feitiços de amor são uma das magias mais usadas na bruxaria; no entanto, esse tipo de magia é meio controverso. Na sua prática de feitiçaria, você considera que esses feitiços sejam éticos?

Identificar a ética por trás dos feitiços é fundamental para ajudar a definir regras, princípios e valores nos quais ancorar o ofício. É importante encontrar um direcionamento ético para a vida diária.

Em sua obra, o filósofo Aristóteles discutiu questões como ética e reciprocidade. Trocando em miúdos, essa questão pode ser resumida com a máxima: deseje ao próximo o que você deseja para si própria. Essa é uma das bases sociais para relacionamentos saudáveis.

A Wicca, religião muito difundida e frequentemente associada à bruxaria, tem sua própria lei cósmica ou lei do retorno. Segundo essa lei, as atitudes de um indivíduo voltam para ele três vezes. Vários praticantes de Wicca aplicam esse conceito em suas próprias bússolas morais, o que também é recomendado aos novos praticantes.

Antes de tentar controlar ou manipular as emoções ou os caminhos dos outros, se pergunte: tudo bem se tentarem me manipular ou controlar?

Neste capítulo vamos focar em magias para você atrair, aprimorar, encontrar, curar ou aceitar as conexões da vida.

AMIGOS E PARENTES

O desejo de ajudar a quem se ama é muito forte. Sabendo dominar sua prática de magia, você pode ajudar amigos e parentes a superar qualquer situação. As maneiras mais diretas de fazer isso envolvem pequenos encantamentos, presentes energizados ou feitiços com velas.

TROUXINHAS OU GARRAFINHAS DA SORTE: Defina a finalidade do feitiço e crie amuletos usando trouxinhas de pano ou pequenos frascos ou garrafinhas. A pessoa precisando de ajuda tem insônia? Misture lavanda e artemísia, recheie uma trouxinha de tecido fino e dê para ela colocar embaixo do travesseiro. Seu amigo

anda estressado com o trabalho? Misture ervas como camomila, valeriana, erva-cidreira e lavanda em um frasquinho e dê de presente, com instruções para preparar um chá antiestresse, criado e energizado com as intenções que você imbuiu nas ervas.

VELAS: Quando alguém estiver com problemas, limpe a mente, defina suas intenções e acenda uma vela pensando em um objetivo específico.

- **Branco**: Cura, paz e verdade

- **Roxo**: Consciência espiritual, sabedoria e tranquilidade

- **Lilás**: Intuição, paz e cura

- **Azul**: Meditação, cura, perdão, fidelidade, inspiração, felicidade e comunicação

- **Verde**: Dinheiro, fertilidade, sorte, abundância, saúde e sucesso

- **Rosa**: Amor-próprio, amizade, harmonia e alegria

- **Amarelo**: Manifestação dos pensamentos, fé, objetivos, criatividade, inteligência e clareza mental

- **Laranja**: Alegria, energia, estudos, força e atração

- **Vermelho**: Paixão, energia, amor, libido, relacionamentos, vitalidade e coragem

- **Preto**: Proteção, absorção e afastamento de energias negativas

A magia nos relacionamentos

 # PARCEIROS

Se você quer atrair um novo amor ou deseja fortalecer seus laços atuais, uma boa ideia é fazer feitiços de atração usando ferramentas e ingredientes associados ao amor. Criadas com energia e intenção, as poções de amor são usadas há séculos.

PARA ATRAIR UM NOVO AMOR: Para aumentar seu poder de atração, prepare um óleo do amor. Você pode diluir algumas gotas de óleos essenciais como rosa, limão, laranja, bergamota ou ylang-ylang em um óleo carreador como o de jojoba, coco ou azeite de oliva antes de passar na pele. Também pode fazer um usando ervas secas e óleo num frasco, mas nesse processo leva-se de seis a oito semanas para ficar bem concentrado.

PARA FORTALECER O RELACIONAMENTO ATUAL: Prepare um chá indicado para o amor para você e seu par tomarem. Misture no máximo três colheres de chá de rosa desidratada, hibisco e lavanda em um infusor ou saquinho de chá. Despeje água fervente e deixe descansar por cerca de dez minutos. Decante e beba. Se quiser dividir com seu amor, ofereça a poção como um presente, energizado de amor e sentimentos. Um presente dado com sinceridade é poderoso em qualquer circunstância.

COMUNIDADE

Desde sua origem, a bruxaria é uma atividade praticada em ambientes comunitários, fosse em covens, círculos e grupos ritualísticos ou, como acontece atualmente, em comunidades on-line. A palavra coven vem do latim *convenire*, que significa "estar junto". O propósito de um coven é exatamente este: reunir-se com indivíduos afins para trabalhar juntos por intenções em comum. E isso tudo pode abarcar feitiços, rituais, celebrações ou troca de ideias. Atualmente muitas bruxas e bruxos se reúnem pela internet e nas redes sociais para celebrar a inclusão e prestar sua reverência ao mundo.

INCLUSÃO: Antigamente a bruxaria era vista como um espaço de refúgio, fortalecimento e inclusão dos excluídos. Como acontece em lugares sagrados, as bruxas geralmente criam espaços físicos ou on-line onde as pessoas possam se sentir seguras e acolhidas. Para praticar magia na sua cidade, procure outras comunidades de bruxas ou crie a sua. Compartilhe suas crenças, seu ofício e suas ideias com outras pessoas interessadas em ouvir.

MUNDO NATURAL: Bruxas vivem em comunhão com a natureza, celebrando os ciclos naturais da Terra no decorrer das estações, os ciclos planetários e as energias crescentes e minguantes do ano. No período entre os solstícios de verão e inverno, quando a energia solar diminui, aproveite para praticar magias relacionadas a descanso, relaxamento, sono, recordações, gratidão, desapego e solidão. No período entre os solstícios de inverno e verão, a energia solar aumenta, se intensifica. Aproveite para praticar magias relacionadas a renascimento, renovação, crescimento, vitalidade, ação e novos começos.

A magia nos relacionamentos

VIZINHOS

Embora possamos escolher os amigos, isso nem sempre é possível na relação com os vizinhos. Todo mundo tem vizinhos. E as relações de vizinhança vão além de ter liberdade para pedir uma xícara de açúcar quando o seu acabou. E mesmo não tendo uma relação com as pessoas que moram próximas a você, saiba que esses são vínculos essenciais para sua segurança e paz de espírito. No treinamento para ser uma bruxa, você deve praticar a aceitação, a inclusão e o respeito.

MAGIA NA COZINHA: Prepare os alimentos tendo uma intenção em mente; use ingredientes que atraiam as propriedades desejadas, como paz, acolhimento, aceitação e respeito. A maneira mais fácil de praticar a magia culinária é usar as especiarias já pensando no objetivo delas. Cada especiaria tem energia e correspondências próprias, então veja o que já tem em casa e pesquise as propriedades mágicas desses ingredientes. Faça uma lista e planeje as refeições. Quando preparar um prato mentalizando uma intenção, convide seu vizinho para comer junto.

Acha que não vai conseguir fazer comida para um vizinho? Uma opção é convidar a pessoa para um chá ou um cafezinho. O chá está associado à limpeza, ao esclarecimento, a novos começos e à reflexão; o café, ao aterramento, à superação de bloqueios e à paz de espírito.

A magia nos relacionamentos

INIMIGOS OU RIVAIS

Nem todo mundo tem inimigos ou rivais, mas talvez haja alguém na sua vida com quem você tenha mais dificuldade, um clima de competição, antagonismo ou confronto. Embora não seja necessariamente algo ruim, a competitividade pode resvalar para uma situação tóxica e desagradável, levando a pressão e estresse desnecessários aos envolvidos. A bruxaria pode ajudar muito na convivência com rivais, e sem prejudicar ninguém. Quando pensamos em um cenário de rivalidade e bruxaria, remetemos a feitiços, maldições ou qualquer coisa considerada prejudicial, obscura ou maligna. O que a maioria não percebe é que a bruxaria pode ser usada com a mesma eficácia para conquistar compreensão, confiança, vínculos e cura. Ao longo dos anos, a bruxaria galgou uma reputação de algo que é usado para o mal. Podemos romper essas barreiras aprendendo a usar a magia e a bruxaria de maneira ética, voltada para o bem.

COMPETIÇÕES OU RIVALIDADE: Crie um encantamento ou cântico que consiga repetir facilmente em épocas de competição ou de concursos. Você deve focar no seu fortalecimento e/ou na geração de positividade. Leve a mão ao peito, na altura do coração, e cante: "Eu invoco paz, coragem e confiança, e me libero da inveja, do ódio e do ciúme."

BULLYING: Se você for alvo de hostilidade, crie um boneco para desviar a atenção. Bonecos são uma forma de magia simpática/imitativa que direcionará o foco da pessoa para o objeto utilizado. Pegue uma camiseta velha e corte um pedaço do pano dando formato de boneco. Costure as bordas e, antes de fechar, vire do avesso. Use a criatividade. Nessa etapa de criação, o mais importante é usar pertences seus, carregados com a sua energia. Preencha o boneco com alecrim para proteção e blindagem, e pimenta-vermelha para força e proteção.

FOCO

A ORIGEM DOS FEITIÇOS

*E*m inglês, o termo *spell*, "feitiço", tem origem no anglo-saxão, na palavra *spel*, que significa "dizer" ou "história". O uso de feitiços é uma prática muito difundida historicamente. Na Grécia e Roma Antigas, usavam-se feitiços para amaldiçoar, proteger, curar, amarrar e conjurar. Nessas culturas eram comuns placas de imprecação, oferendas a divindades, amuletos de proteção e poções de ervas. Muitos usavam colares e objetos com letras e símbolos gravados, com a intenção de se proteger do mal e também de doenças. Em resumo: os feitiços sempre foram usados para satisfazer desejos e vontades.

Outra característica da prática dos feitiços observada ao longo dos séculos é o uso de correspondências com objetos. Para entender o que é uma correspondência, imagine como um link atemporal para mitos e divindades ancestrais, história e folclore. O uso de correspondências nos feitiços nos ajuda a ver um pouco do passado e a nos conectarmos com os sentidos mais profundos dos objetos que nos cercam. Essas correspondências de feitiços remetem à conexão original do simbolismo e o propósito do objeto.

FOCO

A DESPENSA DA BRUXA

*A*lém das ferramentas mágicas usadas pelas bruxas, não nos esqueçamos da despensa, o cantinho que contém ervas, especiarias, vegetais e óleos. Muitos desses itens podem ser encontrados em mercados, e os ingredientes mais difíceis de achar podem ser comprados em lojas físicas ou on-line de bruxaria, artigos espirituais e itens religiosos. Não desanime achando que precisa de uma despensa completa! Provavelmente você já até tem alguns desses ingredientes em casa. Veja a seguir as ervas comuns que talvez você já tenha no armário de temperos.

- **ALECRIM:** Limpeza, força, proteção, memória, cura e dinheiro
- **CANELA:** Espiritualidade, amor, proteção, dinheiro, poder, sucesso e força
- **COMINHO:** Proteção, amor, fidelidade, exorcismo, abundância e defesa contra roubos
- **GENGIBRE:** Equilíbrio, aterramento, amor, clareza, dinheiro, sucesso, poder e estabilidade
- **MANJERICÃO:** Sorte, prosperidade, harmonia, dinheiro, paz e purificação
- **ORÉGANO:** Proteção, criatividade, viagens, liberdade, amor, felicidade e sonhos
- **PIMENTA-DO-REINO:** Proteção, resguardo e anulação de negatividade e ciúme
- **TOMILHO:** Cura, purificação, coragem, sono, amor, faculdades psíquicas e sonhos

~ *Capítulo 3* ~

A MAGIA NO
COTIDIANO

Acolha a bruxa que existe em você, começando dentro de casa. No Capítulo 1, vimos os aspectos da vida em que a magia pode nos ajudar. Analisar a rotina é excelente para você treinar formas de incorporar a magia na sua vida: na escola, na academia, no trabalho, em ambientes sociais e nas atividades diárias. Além disso, a magia nos ajuda a colocar intenções em tudo que fazemos. Neste capítulo, vamos mergulhar ainda mais fundo nos aspectos da vida em que existe magia e aos quais ela pode ser relacionada.

O lar é o lugar onde relaxamos, recarregamos as energias e podemos ser autênticos. Ao praticar magia em casa, você poderá agregar magias de manifestação, limpeza, purificação, proteção, conforto, harmonia e equilíbrio na sua vida. Dominar o ofício em casa pode inspirar a sua criatividade e ajudar você a criar espaços seguros, preparar algo na cozinha, cuidar do jardim ou aproveitar as ferramentas de que já dispõe. E sabe o que é melhor? Nesse percurso você vai descobrir que essa bruxa já existe, só esperando para ser aproveitada.

Praticar magia do lar é uma ótima maneira de usar esse poder com o mínimo de ingredientes ou as ferramentas já disponíveis. Você vai aprender a criar com intenção, a estabelecer limites e a elaborar magia dentro do lar.

Procure observar com mais atenção as propriedades mágicas do que existe à sua volta, e vai encarar o mundo com mais confiança e autonomia.

VOCÊ TAMBÉM PODE SER UMA BRUXA

⇶ ARTE E CRIATIVIDADE ⇷

Você já desejou ter mais criatividade? Uma dica é escolher um cantinho em casa para praticar hobbies, artes e artesanato, e arrumá-lo de acordo com suas intenções. Um espaço organizado inspira disciplina e pensamento criativos. Seja um ateliê, seja um cantinho micro na sala de casa, ter um espaço que estimule a criatividade é essencial para a manifestação de magias de todos os tipos. Você já teve bloqueio criativo, aquela situação que artistas e escritores às vezes enfrentam? Permita-se tempo e espaço para atrair positividade e deixar florescer a criatividade.

A magia no cotidiano

MAGIA DE FOGO: Você pode se conectar ao elemento fogo e suas propriedades de inspiração e ação acendendo uma vela ou incenso. Para despertar a criatividade, experimente uma vela amarela ou laranja, ou use incenso de canela.

LIVRO DAS SOMBRAS: Comece a registrar todos os feitiços, receitas, rituais e outras práticas relevantes de bruxaria que você tenha gostado de fazer em um diário mágico, o chamado livro das sombras. É uma ferramenta sagrada que as bruxas personalizam e usam para documentar tudo relacionado à prática da bruxaria. Pense nisso como uma forma criativa de documentar sua jornada "bruxística".

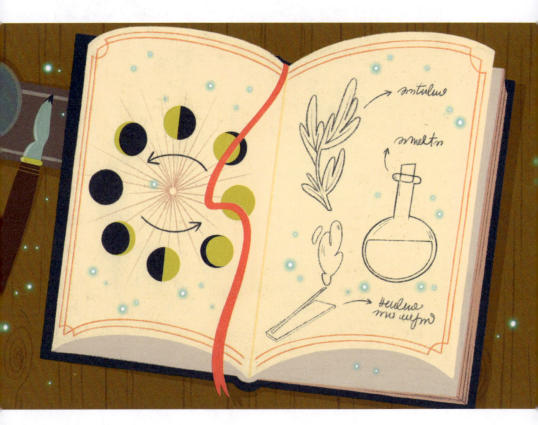

VOCÊ TAMBÉM PODE SER UMA BRUXA

ESPAÇOS SAGRADOS

Aprenda a definir espaços sagrados ou criativos para praticar sua magia em espaços livres de energias negativas. Nos dias de hoje, a maior parte da bruxaria é praticada em espaços sagrados ou em casa, em cantinhos específicos. Você até pode lançar feitiços e realizar rituais em outros lugares, mas o lar é onde a maioria de nós se sente mais seguro e protegido. Você pode definir um espaço sagrado em qualquer cômodo da casa; assim, seja num conjugado, seja numa casa de quatro quartos, você é quem decide onde esse espaço será criado. Então, se quiser criá-lo dentro do closet ou ocupar uma mesa inteira, a decisão é sua. É possível realizar todo tipo de feitiço e ritual em casa, mas é essencial fazer uma limpeza antes de cada trabalho mágico, ou sempre que sentir o chamado.

MAGIA DE LIMPEZA: Assim como acontece com tralhas físicas, a casa também acumula muitas energias estagnadas e indesejadas. Assim, criar a rotina de limpar o espaço dessas energias traz um revigoramento. Limpe sempre a casa, especialmente depois de doenças, discussões, uma nova transição ou quando você não estiver se sentindo muito bem. Use um blend de incensos/defumadores para realizar a limpeza ou misture água, sal, hamamélis e óleos essenciais direto num frasco de spray para borrifar. Use óleos essenciais de sálvia-esclareia ou palo santo para potencializar o poder de limpeza das misturas.

VOCÊ TAMBÉM PODE SER UMA BRUXA

COZINHA

Seja para fazer um chá, uma comidinha ou até a faxina, a cozinha é um lugar de magia abundante, em todas as partes. Semelhante a um espaço sagrado, ela também é um santuário especialíssimo para nós. Para quem tem os ingredientes, as possibilidades de criação são infinitas. A maioria das bruxas e bruxos cozinheiros se dedica a colecionar especiarias, óleos mágicos ou outros recursos caseiros voltados para cura e limpeza.

BÊNÇAOS: Cada item produzido deve ser abençoado e energizado com as suas intenções. Antes de preparar a comida, faça a limpeza energética do ambiente, conforme já ensinado na seção de limpeza de espaços sagrados. Você também deve selecionar os ingredientes mentalizando as intenções. Procure as correspondências de cada item e preste atenção no que cada um representa.

- **Abacate**: Fertilidade, beleza, amor
- **Abobrinha**: Prosperidade e proteção
- **Aipo**: Poderes mentais e psíquicos, concentração
- **Alface**: Proteção, cura, adivinhação
- **Arroz**: Bênçãos, dinheiro, prosperidade, fertilidade, proteção, riqueza
- **Banana**: Fertilidade, potência, prosperidade
- **Batata**: Proteção, cura, magia com bonecos, força, aterramento
- **Cebola**: Prosperidade, estabilidade, proteção, banimento
- **Cenoura**: Fertilidade, amor, paixão
- **Coco**: Proteção e purificação
- **Damasco**: Amor e relaxamento
- **Ervilha**: Amor e riqueza
- **Feijão**: Proteção e reconciliações
- **Frutas cítricas**: Saúde, felicidade, amor
- **Frutas vermelhas**: Cura, amor, proteção, força
- **Maçã**: Amor e prosperidade
- **Milho**: Sorte, prosperidade, adivinhação, proteção
- **Pepino**: Cura, fertilidade, beleza
- **Romã**: Adivinhação, sorte, riqueza, desejos, fertilidade
- **Tomate**: Amor, saúde, prosperidade, paixão, proteção

VOCÊ TAMBÉM PODE SER UMA BRUXA

HORTAS E JARDINS

Você é daquelas que só têm uma plantinha? Ou das que têm 20 ou mais? É das que têm uma hortinha de ervas, ou das que preferem comprar flores na feira? Ter plantas (de qualquer tipo) e cuidar delas é uma oportunidade de você se relacionar com o mundo natural e suas energias. Ter um jardim é muito bom, mas não é obrigatório cultivar as plantas para poder aproveitá-las. Você pode ter uma hortinha de ervas dentro de casa, assim como também pode gostar de decorar o ambiente com flores de vez em quando. Manusear plantas de verdade é uma maneira maravilhosa de usá-las na sua prática.

PLANTAS DE CASA: Use suas intenções para alimentar as plantas; crie minirrituais para estimular crescimento, manifestações ou outros objetivos que sejam importantes para você. Você pode fazer um cacto crescer, comprar plantas ou germiná-las a partir de sementes no início de novas transições na vida e energizá-las com suas intenções. Também pode transformar o momento da rega em um minirritual, acompanhando-a de um cântico ou uma frase de afirmação, como "Haja o que houver no meu caminho, eu sou capaz e vou alcançar a vitória".

PLANTAS SECAS: Ponha flores ou buquês pendurados de cabeça para baixo para secarem sem perder o formato. Você poderá utilizar as plantas desidratadas em amuletos de pano, óleos mágicos, sais de banho, unção de velas e defumação alinhados com as suas intenções.

BANHEIRO

O banheiro é o lugar perfeito para praticar feitiços de amor-próprio e de beleza; é bom também para se iniciar na magia de glamour. No banheiro, você tem acesso ao elemento água, a recursos usados diariamente e a espelho. Transforme o banheiro em um espaço seguro onde você possa se conectar com o corpo e aumentar sua confiança para manifestar desejos e intenções.

MAGIA DE GLAMOUR: Aproveite as roupas e os produtos que já tem para dar uma levantada na autoestima, se alinhar com suas intenções a fim de elevar sua força interior. Tente carregar e imbuir de energia maquiagem, perfume, óleos, cristais ou joias.

MAGIA DO BANHO: Se você tiver uma banheira, coloque uma xícara de sais de banho na água e defina a energia pretendida acendendo uma vela ou pingando gotas de um óleo essencial relaxante, como o de lavanda. Você também pode fazer meditação, visualização ou entoar cânticos de afirmação alinhados com as suas intenções.

FEITIÇOS COM ESPELHO: Espelhos são um excelente recurso para absorver, fortalecer ou desviar feitiços. Apesar de algumas conotações negativas, não são perigosos. Quando trabalhar com espelhos, tenha muita positividade e força de espírito. Ao terminar o banho, use o dedo para criar e desenhar um sigilo no espelho mentalizando mais confiança e amor-próprio. Você também pode se concentrar na imagem refletida nele e repetir palavras de afirmação, como "Eu sou forte, eu sou confiante e eu me amo".

FOCO

LIMPEZA BÁSICA

Antes do uso, todas as ferramentas mágicas devem passar por uma limpeza. Se você não limpar as energias residuais desses objetos, há o risco de puxar sem querer a energia dos outros.

- **ÁGUA:** Sempre foi e ainda é um excelente elemento de limpeza. Para potencializar esse poder purificante, você pode usar qualquer água, inclusive água energizada ao luar ou com flores.
- **SAL:** Limpa e energiza objetos, mas atenção: tome cuidado para evitar ferrugem.
- **SABÃO:** Sabões naturais são ótimos para retirar sujeiras ou energias difíceis de eliminar dos objetos. Comece com sabão de castela, que não é tão forte.
- **FOGO:** Limpezas com fogo são ótimas para objetos de metal. Acenda uma vela e passe o objeto rapidamente sobre a chama, tomando cuidado para não deixar esquentar demais.
- **DEFUMAÇÃO:** Outra excelente maneira de limpar ferramentas é pela queima de incensos ou de ervas. Todo tipo de planta desidratada, resina e erva em pó pode ser utilizado – alecrim, lavanda, sálvia, tomilho, louro, erva-dos-gatos (*catnip*), hortelã, pinho e muito mais.

~ *Capítulo 4* ~
# ADIVINHAÇÃO E INTUIÇÃO

Adivinhação e intuição

Oracular (adivinhação) é o processo de descobrir mais sobre o desconhecido. É a maneira de a bruxa obter esclarecimentos e respostas para as perguntas da vida. Ferramenta poderosa, a adivinhação tem muitas opções para você ajustar à sua prática e, se um método não funcionar, não desista: tente com outro.

A maioria das bruxas começa com o tarô, mas também existem baralhos oraculares, pedras, runas, Ogham, técnicas de perscrutação (*scrying*, uma forma de visualização), radiestesia, numerologia, astrologia, intuição, mensagens e psicografia. A seguir, vamos nos aprofundar nessas diferentes áreas para você entender a que lhe parece mais adequada.

Um dos maiores equívocos é pensar que a prática oracular/divinatória exige que a pessoa seja vidente. Qualquer indivíduo disposto a confiar na intuição pode praticar as muitas formas existentes de adivinhação. Mesmo que você não tenha nascido vidente, ainda pode dominar essas práticas.

A intuição nada mais é que o seu instinto, a voz que vem de dentro da consciência. Esse sentimento é o que nos possibilita saber algo sem ter uma razão lógica. Você já teve um "mau pressentimento" em relação a algo, mas não soube por quê? Ou, na hora de sair, já teve a sensação de que tinha que usar uma roupa em vez de outra? Pois esses são exemplos da intuição mandando mensagens instintivamente.

Basta estar presente e começar a ouvir. Você vai se surpreender com quanto a intuição tem a dizer. Ela existe para nos manter seguros e felizes, alertando para ameaças e energias negativas; ela também sabe o que está no nosso coração, mesmo quando as coisas não estão claras.

A intuição quer que você veja além do raciocínio lógico e das preocupações e faça o que lhe parece certo. Ao se permitir ser guiado por ela, você vai aprofundar sua consciência e a conexão com o seu eu.

TARÔS E OUTROS BARALHOS

Os baralhos de tarô e de cartas oraculares são sistemas de adivinhação fundamentados em cartas, e sua principal diferença é a estrutura. Os baralhos de tarô são sempre formados por 78 cartas, compostas de 22 Arcanos Maiores e 56 Arcanos Menores. Estes são divididos em quatro naipes: paus, ouros, espadas e copas. Por outro lado, alguns baralhos não têm estruturas rígidas, podendo variar entre 20 e 100 cartas, e não são considerados tarô. Nenhum tipo de baralho é melhor que outro, e muitas bruxas costumam combinar os dois sistemas.

Adivinhação e intuição

CARTA DO DIA: Para começar a aprender o baralho que escolher, tire primeiro a carta do dia e anote a mensagem. Para saber qual é a mensagem, passe alguns minutos contemplando a carta. Observe as cores, os símbolos, o que está acontecendo na imagem e como esses elementos fazem você se sentir. A intuição vai ajudar a entender o sentido da carta e o que ela pode significar para o dia.

Outra opção é ler o livreto que acompanha o baralho. No entanto, saiba que esse material tem conteúdo puramente lógico, e não é a sua intuição. Quando quiser, tire mais cartas, formando uma tiragem maior. Alguns dos tipos mais comuns de tiragem incluem de três a doze cartas, mas você pode usar qualquer quantidade para fazer a leitura. Quanto mais cartas adicionar, mais significados terá que associar.

JOGO DE PEDRAS, RUNAS E OGHAM

O jogo de pedras, também conhecido como litomancia, é a prática de adivinhação pela leitura de pedras. Dos métodos divinatórios com pedras, é o mais fácil de aprender, pois não exige a memorização de alfabetos específicos, como acontece com as runas e o Ogham. Nesse método usam-se pedras lisas ou cristais rolados.

A leitura de pedras pode ser conjugada com todo tipo de simbologia significativa para você, e a quantidade de pedras é livre. O segredo é atribuir importância ao seu jogo.

Por outro lado, as runas são o antigo alfabeto Futhark, consistindo em 24 letras gravadas em pedras lisas. Os significados delas são lidos como nos métodos dos sistemas de cartomancia.

O Ogham é um alfabeto do início da Idade Média que consiste em 20 letras gravadas em toquinhos de madeira. O uso é semelhante ao dos jogos de runas ou pedras. Essa forma de adivinhação é conhecida como xilomancia.

O que esses três tipos de adivinhação têm em comum é o método de leitura. Você pode colocar as pedras ou os gravetos em uma bolsinha, agitá-la e dispor as peças na mesa. Para realizar a leitura, observe quais símbolos estão virados para cima.

CRIE SEU PRÓPRIO JOGO: Faça o seu próprio conjunto de pedras para as leituras. Defina a quantidade de pedras ou cristais rolados que vai usar. Com uma canetinha permanente, desenhe símbolos significativos para você ou sua prática.

Adivinhação e intuição

Adivinhação e intuição

PERSCRUTAÇÃO E RADIESTESIA

A visualização é a arte de mirar superfícies refletoras, água ou fogo a fim de receber mensagens ou visões intuitivas. Ler o futuro na bola de cristal é um exemplo famoso desse tipo de vidência. Em geral, as visões e mensagens recebidas numa sessão de vidência se relacionam a eventos futuros.

LEITURA EM CRISTAIS OU ESPELHOS: Conhecida como catoptromancia, é uma forma de observar cristais como obsidiana polida e quartzo ou espelhos para visualizar palavras ou imagens que surgirem na mente.

PERSCRUTAÇÃO COM ÁGUA: Chamado de hidromancia, este método de vidência consiste em ficar observando uma bacia com água para receber mensagens. Também é possível tocar a superfície da água com uma ferramenta mágica, como uma varinha, para formar ondulações, que podem trazer mensagens intuitivas.

PERSCRUTAÇÃO COM FOGO: Chamado de piromancia, este método consiste em observar o movimento e a dança da chama para ver as mensagens e formas que se revelam.

RADIESTESIA: Neste tipo de adivinhação usa-se um objeto para receber e transmitir energia. A forma mais usada atualmente é um conjunto de pêndulo e tábua. Essa tábua costuma ter alfabeto e palavras como "sim", "não" e "talvez". O pêndulo é um cristal ou metal com peso e suspenso num fio para balançar livremente.

NUMEROLOGIA E ASTROLOGIA

Embora sejam tópicos diferentes, na numerologia e na astrologia estudam-se os significados e como eles se relacionam com a vida cotidiana. Na astrologia se estudam os movimentos e as mudanças dos astros, e os astrólogos consultam/analisam mapas astrais ou de eventos para buscar esclarecimentos do passado e do presente. Na numerologia estudam-se os números e seus sentidos, e os numerólogos analisam os números predominantes na vida do consulente.

Em ambas as práticas usam-se dados do nascimento do consulente. As bruxas usam essas práticas por terem significado espiritual e mágico. Alguns usam numerologia e astrologia para auxílio na bruxaria.

ASTROLOGIA: Saiba o local, a data e o horário do nascimento do consulente. Na internet há aplicativos e calculadoras gratuitos que geram mapa astral, que você deve ter em mãos para começar a análise. Veja quais são os signos do Sol, da Lua e do ascendente para conhecer mais a sua personalidade. O signo solar remete à identidade; o signo lunar, às emoções e necessidades; e o ascendente remete à sua personalidade e à impressão que passa para os outros. É interessante personalizar os feitiços de acordo com as posições dos planetas do mapa.

NUMEROLOGIA: Com a data de nascimento em mãos, use uma ferramenta on-line gratuita para obter seu número principal e descobrir detalhes da sua personalidade, perspectivas e desafios na vida. Depois que descobrir o número da caminhada da sua vida, tente incorporá-lo a cânticos e ingredientes de feitiços.

Adivinhação e intuição

OUTROS TIPOS DE ADIVINHAÇÃO

Existem inúmeros sistemas divinatórios que você pode usar para receber mensagens. A maioria dos sistemas de mensagens termina no sufixo latino "mancia", que significa "adivinhação", e remete a métodos que usam objetos ou eventos para receber esclarecimentos e mensagens, ou seja, ajuda a identificar os diferentes tipos de oráculo. Muitas bruxas desenvolvem ativamente suas faculdades psíquicas ou intuitivas, como se fossem músculos.

Também é importante pontuar que oracular não é algo fácil para todos, e cada método requer paciência e prática para ser desenvolvido.

Verifique esta lista para ver se algum dos métodos lhe atrai. A arte divinatória ajuda a alimentar a intuição para o trabalho de feitiço.

- **Aeromancia**: adivinhação pela observação de nuvens, pássaros, céu, padrões climáticos
- **Aleuromancia**: adivinhação por meio de farinha de trigo ou alimentos com massa de farinha
- **Astragalomancia**: adivinhação por meio de ossos ou dados com símbolos
- **Axinomancia**: adivinhação pelas marcas dos golpes do machado na madeira
- **Belomancia**: adivinhação por meio do sorteio de flechas marcadas com mensagens
- **Bibliomancia**: adivinhação por meio do ato de abrir um livro em páginas aleatórias
- **Cartomancia**: adivinhação com baralho de cartas

Adivinhação e intuição

- **Ceromancia**: adivinhação pela observação das imagens formadas em cera derretida
- **Quiromancia**: leitura das linhas das mãos
- **Cleromancia**: adivinhação com jogo de dados
- **Dactilomancia**: adivinhação com o uso de anéis
- **Geomancia**: adivinhação por linhas ou padrões formados por punhados de terra lançados no solo
- **Giromancia**: adivinhação em que a pessoa anda ou gira em círculos
- **Hidromancia**: adivinhação com o uso de água
- **Lecanomancia**: adivinhação pelo som produzido por objetos em um recipiente com água
- **Litomancia**: adivinhação com jogo de runas ou lançamento de pedras
- **Necromancia**: comunicação com espíritos
- **Oniromancia**: interpretação das mensagens dos sonhos
- **Onomatomancia**: adivinhação a partir das letras de nomes
- **Oomancia**: adivinhação com o uso de ovos
- **Ornitomancia**: adivinhação pela observação do voo ou do canto de pássaros
- **Osteomancia**: adivinhação com ossos
- **Filomancia**: adivinhação com folhas
- **Psefomancia**: adivinhação com seixos
- **Piromancia**: adivinhação pela observação do fogo
- **Rabdomancia**: adivinhação com o uso de varinhas ou forquilhas
- **Teimancia**: adivinhação pela observação das folhas de chá
- **Xilomancia**: adivinhação com madeira

FOCO

SUA FORÇA INTERIOR

Quando usamos expressões como "aumento de poder", "construção de poder" e até "aproveitamento da força interior", referimo-nos à energia que já existe dentro de nós, ao poder que já temos. Poder é a arte prática de canalizar a energia para usá-la. Ao começar a manipular e canalizar a energia do mundo à nossa volta, de certa forma estamos construindo nosso próprio poder pessoal. Com essa manipulação você pode influenciar ou controlar as energias ao seu redor para lançar feitiços mais fortes.

Feitiços funcionam a partir do poder pessoal ou interior e das ferramentas mágicas ou eventos específicos usados. Eles também permitem a prática de magia, promovendo mudanças na vida e fortalecendo o sentimento de autoconfiança.

Por exemplo, você já percebeu por que se recomenda que alguns feitiços sejam feitos em dias específicos? Ou em determinada época do ano? Isso acontece por causa da energia associada a dias ou eventos específicos.

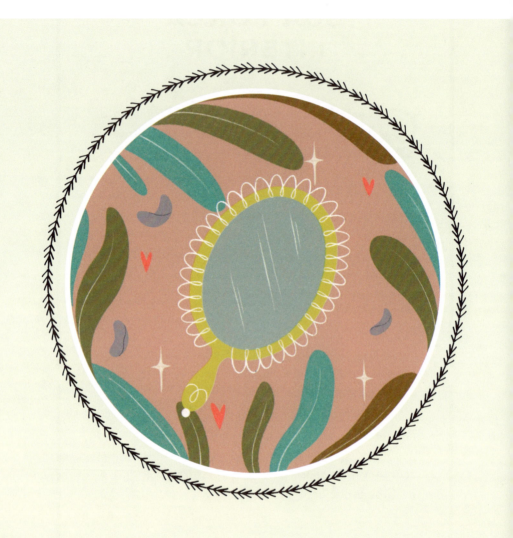

~ *Capítulo 5* ~

MAGIA COM O EU

O "eu" é um termo que pode ser dividido em diferentes conceitos ou construtos envolvendo identidade, imagem, estima, confiança e eficiência – questionando a percepção que temos de nós mesmos e também de nossas crenças. Ao reconhecer esses conceitos ou construtos, você pode identificar quem é como pessoa e como bruxa.

Em sua essência, a bruxaria envolve cura, aceitação e transformação da mente, das emoções, do corpo físico e do eu espiritual. Feitiços de amor-próprio e autocuidado são os exemplos perfeitos da prática de magia com o eu. Fazer magia consigo mesma é a maneira ideal de dominar o ofício e construir uma prática fortalecedora.

As primeiras bruxas da história eram mulheres sábias ou curandeiras naturais que criavam mudanças, alimentavam e cuidavam do próximo. Muitas vezes essas pessoas foram os alvos preferenciais na perseguição nascida de mal-entendidos e do medo do desconhecido. Ainda hoje persiste a visão de que bruxas são más e sombrias.

A cura é um processo de transformação e restauração. Se você busca iniciar a jornada na bruxaria ou aprimorar seu ofício na magia com o seu eu, este capítulo vai ajudá-la a agir e crescer como bruxa, permitir que sua magia brilhe forte, livre de restrições ou medo.

Neste capítulo vamos mergulhar nas diferentes maneiras de entrelaçar o seu eu bruxo com o eu que você acredita ser. A cura, como a bruxaria, é uma jornada vitalícia de aprendizados, descobertas e da aceitação do seu eu interior e da natureza exterior.

VOCÊ TAMBÉM PODE SER UMA BRUXA

AUTOIMAGEM, CURA E LIVRAMENTO

Como você se vê? Como imagina que os outros veem você? O que vê e imagina influencia diretamente outros aspectos de si mesma. E saiba: você pode tomar a iniciativa agora de se livrar da autoimagem negativa e fortalecer a positividade em prol da cura. Quando começa a se liberar e a se curar, se sente melhor consigo mesma e se torna mais resiliente.

FEITIÇO DO ESPELHO: Use o espelho para lançar o Feitiço de Declaração do Valor Próprio. Para fazê-lo, pegue um espelhinho de mão e desenhe um pentagrama ou um sigilo personalizado nas costas do espelho. Em seguida, abra-o e fique olhando para o reflexo. Comece a listar as qualidades que você sabe que tem. Repita várias vezes. Cada vez que verbalizar a lista, adicione mais uma qualidade positiva.

FEITIÇO DA LIMPEZA: Fazer uma limpeza de pensamentos e sentimentos negativos é uma ótima maneira de expulsar pensamentos e energias indesejados de si e também do ambiente. Intuitivamente crie uma mistura própria de ervas secas para defumação ou use um incenso perfumado. Ao escolher os aromas, dê preferência a misturas que venham com a lista de ingredientes – e evite materiais sintéticos. No momento do feitiço permita-se estar presente e mentalize a negatividade indo embora com a fumaça.

AUTOESTIMA, MENTE E OBSTÁCULOS

Ao trabalhar com a mente, é possível que você enfrente obstáculos, dúvidas e inúmeras opiniões – as suas e as dos outros. E nesse processo a autoestima tem um papel importante, pois influencia a autoimagem e a avaliação que você faz de si mesma. Você costuma valorizar suas qualidades, características e capacidades? Ou tem dificuldade de enxergá-las em si? Deixe a bruxaria ajudá-la a se celebrar todos os dias; permita-se estar presente no momento. Você tem qualidades, características e capacidades que a diferenciam de qualquer pessoa, e a prática de bruxaria vai ajudar a pavimentar um caminho que é só seu.

MANDALA DE CRISTAIS: Selecione cristais e use-os para produzir uma mandala que você pode carregar e ativar mentalizando intenções específicas. Usando a intuição, crie uma mandala com a quantidade de pedras que tiver; passe a mão sobre elas, acione a propriedade de cada uma, declare sua intenção e concentre-se no desejo. Visualize sua energia e mentalize-a energizando e ativando cada pedrinha. Trabalhe com os cristais que já tiver, ou experimente pedras cor-de-rosa, vermelhas, laranja, amarelas, marrons ou transparentes para revigorar a mente e a autoestima.

AUTOESTIMA: Ágata, calcita, cornalina, citrino, jaspe, quartzo, quartzo rosa, rodonita, olho de tigre e pedra do sol são ótimas opções.

VOCÊ TAMBÉM PODE SER UMA BRUXA

82

IDENTIDADE, EMOÇÕES E ACEITAÇÃO

Sua identidade está intimamente ligada ao que representa você como indivíduo. Ela é um misto de seus interesses, capacidades, experiências, características, memórias e hobbies. Dedique um tempo para si e o ofício – isso ajuda a fortalecer a conexão com a sua prática. Você descobrirá que suas emoções ficarão mais equilibradas, permitindo que se desenvolva a autoaceitação.

ARTESANATOS BRUXOS: Aprimore-se nas suas atividades preferidas. Tente fabricar bonecos, trouxinhas de pano, chás mágicos, misturas para defumação e outros objetos. Você faz arte com resina? Tem experiência com tricô? Aprecia chás? Aperfeiçoe-se nessas áreas. Com a prática você vai se familiarizar ainda mais com a bruxa que mora dentro de si. Não sabe bem qual direção seguir? Reserve algum tempo para descobrir aquilo de que gosta. Colete ideias e elabore uma lista das coisas que animam você.

COMUNIDADE: Participe de grupos, círculos e comunidades on-line relacionados aos seus interesses. Busque nas redes sociais e ferramentas de pesquisa outras bruxas e bruxos ou pessoas com interesses semelhantes. Tome a iniciativa, participe de atividades que lhe atraiam.

AUTOCONFIANÇA E O CORPO FÍSICO

Nas seções anteriores falamos das áreas da vida em que a bruxaria pode ajudar. E, apesar disso tudo se concentrar muito no plano mental, o despertar da bruxa interior também pode acontecer no plano físico. Você tem contato com as sensações físicas através da pressão, da temperatura, da vibração ou da dor. Essas sensações trazem conexão e treinamento com o mundo natural. Para começar a trabalhar com a magia física à sua volta e a construir a autoconfiança, procure entrar em contato com os seguintes elementos:

ATERRAMENTO: Libere o excesso de energia dos feitiços ou interações com terceiros pisando descalço na grama, terra ou areia. Enfiar os dedos dos pés na terra, de olhos fechados e concentrando-se nas sensações vai ligar você fisicamente a esse elemento. Sinta o suporte da terra e o incentivo dela na busca pela confiança.

BANHO MÁGICO: Tome um banho de banheira ou ducha. Ao sentir diretamente a presença da água, você vai se conectar com as propriedades de limpeza, cura e renovação inerentes a ela. Demore no banho, sinta os efeitos reenergizantes e estimulantes desse elemento. Permita-se sentir-se confiante e revigorada.

VENTO E CALOR: Mesmo não podendo ser tocados, esses elementos ainda podem ser sentidos. Sente-se em frente ao fogo e sinta o calor envolvendo, aquecendo e estimulando você. Fique parada em um dia de vento e conecte-se à sabedoria e à energia oscilante do ar.

INDEPENDÊNCIA, ESPÍRITO E CRENÇA

Além dos aspectos físicos (ou materiais) da vida, temos os espirituais. É assim que você pode se conectar ao seu caminho, aos pensamentos ou às suas crenças. A feitiçaria atua em harmonia com a independência para honrar sua crença em si mesma e na sua força. A bruxaria pode manifestar a transformação na sua vida. Quando aliada a práticas espirituais, você recebe orientação, permite-se estar presente, vive com um propósito e abre-se à positividade, à gratidão.

DIÁRIO: Tire um momento nos afazeres do dia para pôr no papel pensamentos, sentimentos, dificuldades, perguntas, experiências e reflexões que surgirem. Se a ideia é escrever o diário antes de começar o dia, anote suas intenções. Se escrever o diário no fim do dia, registre o que conseguiu realizar.

ORAÇÃO: Seja para um ser superior ou para o seu poder interior, dedicar um tempo para pedir ajuda ou orientação é uma forma pessoal de praticar a conexão com a magia que há em você. Combine a oração com um ritual (por exemplo, de lua nova) para obter mais clareza e orientação sobre seu direcionamento.

MEDITAÇÃO: Buscar orientação na prece é pedir; o ato de meditar concentra-se exclusivamente na escuta. Medite com regularidade para ouvir a mente e o corpo. Combine a meditação com um evento como a lua cheia para atrair foco e manifestação.

FOCO

LIMITAÇÕES E VALIDADE DE FEITIÇOS

*A*ntes de começar a preparar feitiços, entenda que eles não são salvos-condutos para nada – eles têm limitações e prazo de validade. Também não têm a capacidade de resolver instantaneamente todos os seus problemas; feitiços exigem energia, tempo, esforço, foco e fé para funcionar.

Além disso, feitiços são manipulações temporárias de energia, não são permanentes. E, embora não tenham datas de validade específicas, sabe-se que eles começam a desaparecer assim que são lançados. A maioria dos feitiços pode durar alguns dias, semanas ou meses.

Feitiços podem desaparecer mais rápida ou mais lentamente, dependendo da quantidade de energia despendida. Você pode pensar na energia usada em feitiços como uma bateria, ou seja, se você fornecer energia continuamente a um feitiço – seja por reenergização, seja por repetição –, poderá evitar que ele se esvaia.

Os feitiços têm a mesma força que você. Os limites deles estão em você, nas suas intenções e no seu poder.

FOCO

PRÁTICA PERSONALIZADA

*U*ma forma de personalizar a prática da bruxaria é se conectando com os sentidos. Você pode usá-los para personalizar a mesa do altar e/ou o cantinho sagrado.

VISÃO: Você pode incluir objetos como cristais, estátuas, imagens, itens de cores temáticas, velas ou qualquer outra coisa que ajude na transição para um novo estado de espírito.

CHEIRO: Você pode acender incensos, aromatizar o ambiente usando óleos no difusor, acender uma vela ou criar uma mistura de ervas aromáticas como auxílio no relaxamento e na paz de espírito.

SOM: Você pode pôr para tocar uma lista de músicas relaxantes ou outras que ajudem a se aprofundar no estado meditativo.

TOQUE: Você pode segurar os cristais na palma das mãos ou usar uma ferramenta, como uma varinha, para direcionar a energia e ter a sensação do toque. Moer ervas com um pilão também pode ser uma ótima maneira de ativar o tato no altar.

~ *Capítulo 6* ~

BEM-ESTAR BRUXO:

SEU CORPO É VOCÊ

Bem-estar bruxo: seu corpo é você

Podemos dizer que fundamentalmente a bruxaria se embasa em aspectos como bem-estar e cura. Isso pode ajudá-la a manifestar as mudanças que deseja para si e para o mundo ao redor. No Capítulo 3, vimos como iniciar a prática dos feitiços de amor-próprio e da beleza no banheiro; no Capítulo 5 vimos algumas formas de usar magia para si mesma. No entanto, essas não são as únicas maneiras de usar bruxaria em prol do bem-estar e da aceitação. Neste capítulo vamos mergulhar ainda mais nas magias voltadas para positividade, atenção plena, consciência e presença – tudo com a ajuda de ingredientes e recursos naturais. Depois de entender esses tópicos, você dará mais um passo para se tornar a sua melhor versão bruxa.

Em geral, feitiçaria e práticas de cura natural andam de mãos dadas, pois ambas nos ajudam a nos tornarmos a nossa melhor versão. O bem-estar, que é a extensão natural dessas duas práticas, é uma necessidade para a bruxa, pois a mudança intencional no estilo de vida é essencial para a saúde da mente, do corpo e do espírito.

A bruxaria também ajuda a fortalecer o eu e a descobrir como criar mudanças e transformar o seu mundo. Trabalhando o eu, você chegará mais perto de concretizar e encontrar as respostas que busca.

Para ser uma bruxa, comece acessando o próprio poder interior e sendo o canal entre a magia e as mudanças que busca. Já há todo um mundo de magia ao seu alcance, e ela começa na conexão de mente e corpo.

Prepare-se para aprender a aproveitar ingredientes e espaços naturais e a praticar o bem-estar bruxo; afinal, o seu corpo é você.

BANHOS PARA POSITIVIDADE

Como vimos no Capítulo 5, você também pode usar bruxaria na busca por positividade e transformação. Feitiços feitos com banhos são a maneira mais fácil de começar a ativar o poder interior, ao mesmo tempo que eles trazem alívio, elevação e energia. Você pode criar um banho com qualquer um dos ingredientes indicados a seguir. Esta categoria de ingredientes diversos contém aveia e mel pelos benefícios calmantes para a pele, e sal e açúcar pelos benefícios desintoxicantes.

CORRESPONDÊNCIAS OPCIONAIS PARA POSITIVIDADE

- **Ervas e vegetais**: Rosa, lavanda, hortelã, jasmim, tomilho, limão, camomila
- **Cristais**: Turquesa, quartzo, ônix, ametista, jade, citrino, olho de tigre
- **Fase da lua**: Cheia ou crescente
- **Ingredientes diversos**: Aveia, mel, sal marinho e açúcar

PREPARE SEUS BANHOS:

1. Misture os ingredientes em um pote ou bacia com água e deixe de molho por algumas horas antes do banho.

2. Coe o líquido e transfira para outro frasco ou tigela e coloque perto do chuveiro.

3. Durante o banho normal, mentalize na positividade e nos resultados desejados; em seguida, derrame a mistura no corpo.

VOCÊ TAMBÉM PODE SER UMA BRUXA

AFIRMAÇÕES NO ESPELHO E ÁGUAS PARA ACEITAÇÃO

Espelho não serve só para dar aquele confere no visual, viu? Ferramenta poderosa para lançar feitiços que reflitam intenções, quando usado para praticar a aceitação e a atenção plena, o espelho contribui para aumentar a energia que você transmite para o público – que, no caso, é você. E isso não difere tanto de lançar feitiços em uma

ferramenta ou recipiente; a diferença é que o objeto (ou destinatário) foi alterado. Agora você é capaz de praticar a atenção plena na autorreflexão e construir sua autoconfiança. Cerque-se de espelhos para se lembrar de seu poder, sua confiança e seus talentos.

PALAVRAS DE AFIRMAÇÃO NO ESPELHO: Nos espelhos de casa, use flores, cristais ou água energizados de luar para criar sigilos invisíveis voltados a diferentes afirmações. Energizar as águas trará resultados mais intensos. Para começar, experimente afirmar: "Eu me aceito incondicionalmente."

CORRESPONDÊNCIAS DE ACEITAÇÃO

- **Águas florais e herbais**: Lavanda, camomila, alecrim, sálvia
- **Águas com infusão de cristais**: Quartzo rosa e calcita rosa
- **Energização de luar**: Cheia ou minguante

COMO PREPARAR SUA ÁGUA DE AFIRMAÇÃO:

1. Encha uma jarra com água filtrada ou de nascente.

2. Adicione uma pitada de sal para limpar, bloquear a negatividade e trazer proteção.

3. Em seguida, use o método de carregamento (energização) mágico de sua escolha.

VOCÊ TAMBÉM PODE SER UMA BRUXA

MOVIMENTOS E RESPIRAÇÃO PARA ATENÇÃO PLENA

Se no Capítulo 1 conversamos sobre bruxaria nos ambientes de atividade física e como criar rituais e definir espaços sagrados seguros, neste capítulo vamos falar na magia como recurso para explorar a conexão mente-corpo, e em maneiras de alterar o estado de espírito voltado para a prática. Ao se concentrar no bem-estar físico e mental, você se abre para uma prática de feitiçaria mais forte e intencional.

Pedale, puxe peso, ande na esteira ou faça ioga para criar uma prática de atenção plena só sua. Seja qual for a atividade física escolhida, concentre a atenção nos movimentos e na respiração que tiram você do estado de sobrecarga para um estado de quietude, calma e capacidade.

O movimento de atenção plena permite ao praticante estar presente, liberar energias estagnadas e fortalecer a conexão mente-corpo. É uma ótima maneira de se centrar e se elevar antes de lançar feitiços ou praticar magia.

RESPIRAÇÃO: Observe a respiração, inspirando e expirando fundo e lentamente para se acalmar; faça respirações curtas por um breve período para se renovar.

ALONGAMENTO OU IOGA: Libere a tensão e as emoções reprimidas fazendo alongamentos ou movimentos suaves; permita-se estar presente.

ALTA INTENSIDADE: Cultive os músculos aumentando a intensidade do treino e intercalando com piques curtos de atividade cardiorrespiratória.

VOCÊ TAMBÉM PODE SER UMA BRUXA

POÇÕES PARA CONSCIÊNCIA

Usando ingredientes simples, crie poções de consumo seguro à base de água ou xarope/calda. Conjugando poções e práticas de consciência, você vai perceber suas emoções mais profundas.

As poções à base de água são as de preparo mais fácil, pois são nada mais que chás ou ervas em pó dissolvidos em água fervida. Você pode fazer chás simples ou bebidas mais criativas, como latte de açafrão, chocolate quente com cogumelos ou chai de baunilha. As poções com base de água têm vida útil curta: duram no máximo 24 horas.

Para preparar poções à base de xarope, é preciso fazer uma calda de açúcar ou mel com água, seguindo a proporção de 1:1. Você também pode substituir a água por ervas ou chás para obter diferentes sabores. Para usar a poção de mel, misture-a com um copo de água ou use em coquetéis e bebidas sem álcool. As poções à base de xarope têm prazo de validade de três a seis meses.

REFLEXÃO DA CONSCIÊNCIA: Antes de fazer a poção defina suas intenções e separe os ingredientes. Em seguida, concentre-se e faça a si mesma as seguintes perguntas enquanto saboreia o preparo:

- O que aprendi sobre mim mesma hoje?
- Em quais projetos impactantes trabalhei hoje?
- Qual nova habilidade aprendi hoje?

VOCÊ TAMBÉM PODE SER UMA BRUXA

ATERRAMENTO NO PRESENTE

Aterramento é o ato de se reconectar com a terra, de liberar o excesso de energia estagnada, de estar presente no momento. Nessa época de vidas tão atarefadas, o ato de parar conscientemente, dar um tempo na rotina, permitir-se analisar como o corpo se sente e refletir a respeito disso tudo possibilita que você se envolva com o momento presente e crie feitiços mais fortes e intencionais.

MEDITAÇÃO: Pare, feche os olhos e visualize uma luz quente e brilhante acima da sua cabeça. Respire fundo, e a cada inspiração visualize a luz descendo pelo seu corpo até o chão.

TERRA: Coloque um pouco de terra seca num frasco para manter por perto ou direto no altar, para aqueles dias que desejar um aterramento. Encostar no solo fortalece a conexão com a terra.

ÓLEOS ESSENCIAIS: Misture óleos essenciais de patchouli, baunilha, canela, bergamota, ylang-ylang, cedro ou abeto em um óleo carreador, como azeite de oliva, óleo de coco ou jojoba, e pingue uma gotinha na pele.

CRISTAIS: Use cristais como hematita, jaspe vermelho, obsidiana ou madeira petrificada. Segure o cristal na mão, concentre-se nele captando a energia de aterramento e deixe-a se espalhar pelo corpo.

FOCO

EMOÇÕES E INTENÇÕES

Feitiços são alimentados por emoções e trabalham com seu foco, suas intenções e a energia evocada do mundo que nos cerca. Quanto mais energia emocional for investida no feitiço, mais potente ele será.

Feitiços funcionam melhor quando você deseja muito o resultado pretendido. Se não entrar de alma, pode ser que o feitiço não funcione. As intenções são o segredo para desbloquear o potencial de um feitiço depois que você amplia seu poder ou energia. Elas são os desejos ou objetivos da sua prática.

Para manifestar ou atrair os resultados pretendidos, dedique um momento para definir as intenções – você pode fazer isso mentalmente, em voz alta ou no papel. Sem defini-las, abre-se a prática para desejos obscuros e confusos, que podem voltar de formas inesperadas, por exemplo, como feitiços fracassados ou uma sensação de energias estranhas ao seu redor.

É essencial que você tenha clareza em relação àquilo que quer e às suas motivações. Estabelecer as intenções corretamente pode possibilitar a manifestação dos seus objetivos, mudanças positivas em sua vida e conexão com sua intuição.

~ *Capítulo 7* ~

VOCÊ E SEU
COVEN

Você e seu coven

No sentido mais simples, covens são grupos de bruxas e bruxos que realizam rituais, feitiços e comemorações. Participar de um coven não é obrigatório, mas é algo que pode ajudar quem está em busca de respostas em relação à própria magia e à prática de bruxaria.

Tradicionalmente, os covens eram grupos de bruxas que transmitiam as tradições antigas e faziam a iniciação de novos membros. Com participantes de diferentes níveis ou graus de aprendizado e posição hierárquica, eram liderados por sumos sacerdotes e sumas sacerdotisas. Existem também as expressões "coven pagão", "grupo wiccaniano", "clareira druida" ou "sendas pagãs". Existem vários tipos de grupos que se reúnem para diferentes objetivos.

O propósito de um coven é reunir bruxas e bruxos, criar espaços seguros para a prática de magia, promover união e aprendizado. Alguns covens podem também se tornar famílias.

Hoje em dia os covens não são tão difundidos como eram antigamente. Isso acontece porque na atualidade existem muitos caminhos novos que uma bruxa pode trilhar. Além disso, as informações agora podem ser encontradas com muito mais facilidade.

Também não há obrigatoriedade de seguir uma tradição em particular para ser uma bruxa.

Muitas escolhem trilhar o caminho solitário por preferirem a liberdade de praticar feitiçaria como quiserem, sem restrições.

O conceito de coven ainda importa hoje, mas com as redes sociais e as novas tecnologias nunca foi tão simples conhecer outras bruxas, e de forma segura.

Graças à modernização, hoje você pode facilmente adaptar o conceito de coven e também criar comunidades próprias – para organizar eventos e círculos lunares e também participar deles. Você pode entrar para um coven ou criar o seu próprio. O importante é saber que você pode se soltar, compartilhar experiências com pessoas de pensamento semelhante e se divertir.

BRUXARIA A SÓS

Se não houver possibilidade nem interesse de entrar para um coven, saiba que ainda há maneiras de honrar e proclamar o nosso ofício. O ato de se dedicar à prática própria é um passo importante para você se definir como bruxa, escolhendo seu caminho e definindo intenções gerais. É também uma ótima maneira de começar a personalizar a prática e deixá-la com a sua cara.

RITUAL DE AUTODEDICAÇÃO: Durante a lua nova, que é a fase lunar ideal para novos começos, reserve cerca de 20 minutos para realizar um ritual de autodedicação, que pode ser bem simples – você acende uma vela e medita sobre o sentido de ser bruxa – ou mais complexo – você pode criar um óleo de autodedicação próprio, desenhar um círculo sagrado com sal e/ou cristais e criar um encantamento personalizado. Na sua prática, o mais importante deve ser o foco.

LIVRO DAS SOMBRAS: Você também pode começar a escrever um livro das sombras. Se já tiver, acrescente páginas relacionadas à sua prática. Colocar no papel as ideias relacionadas à prática pessoal é uma ferramenta eficiente e ajuda a definir o ofício e suas intenções.

VOCÊ TAMBÉM PODE SER UMA BRUXA

SAINDO DO ARMÁRIO DE VASSOURAS

Por "armário de vassouras" entende-se o lugar simbólico onde você esconde dos outros sua prática e crenças. Muitas bruxas buscam aceitação, validação ou apoio dos entes queridos, mas ainda hoje existe a percepção de que são criaturas más, consequência da imagem negativa perpetrada por várias religiões. Ninguém é menos bruxa por preferir não se declarar como tal. Se quiser, você pode ser discreta quanto a essa vivência. Cabe somente a você decidir se vai revelá-la aos outros.

SAINDO DO ARMÁRIO DE VASSOURAS: Se você quer sair formalmente do armário de vassouras, é importante avaliar se há abertura espiritual naqueles para quem pretende se revelar. Essas pessoas são abertas a aceitar práticas alternativas? Outro elemento essencial a considerar é a sua situação de vida. Você é menor de idade? Mora com os pais ou divide apartamento com amigos? Não vá correr o risco de comprometer seu teto anunciando crenças; esse tipo de situação pode causar estresse na vida doméstica. Muitas bruxas esperam ficar independentes para contar aos outros que são bruxas. Outro conselho é esperar completar 18 anos para fazer esse tipo de revelação – assim, já maior de idade, você terá mais chance de ser levada a sério. Se ainda for adolescente, pode ouvir adultos rotularem suas crenças como "só uma fase".

VOCÊ TAMBÉM PODE SER UMA BRUXA

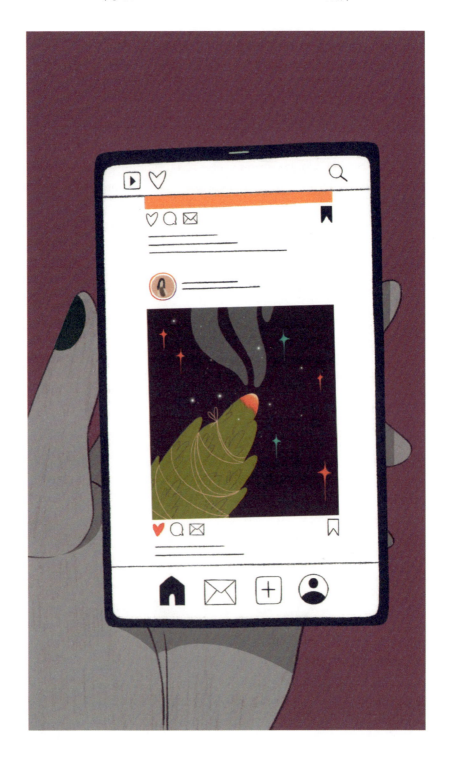

COMUNIDADES E COVENS

Com o uso de hashtags e de grupos on-line em diversos canais e redes sociais, encontrar bruxos está mais fácil do que nunca, mas é importante pontuar: essas situações também exigem muito esforço e dedicação para dar certo. Em geral os ambientes digitais necessitam de moderação, experiência em tecnologia básica, responsividade e acolhimento dos participantes. Se você atua na moderação, é importante manter a comunidade digital segura, definindo e informando as diretrizes do grupo.

PESQUISA: Comece a pesquisar em plataformas como TikTok e Instagram, procurando termos e hashtags como #bruxasdotiktok e #bruxasdoinstagram; em outras plataformas como Facebook, Slack e Discord, procure grupos e canais com "bruxaria" no nome.

COLABORAÇÃO: Esteja disposto a partilhar um pouco de sua prática e o caminho que prefere trilhar. Se cair num grupo tóxico ou de muita hostilidade, não tem problema algum sair. Você encontrará o grupo certo. Quando encontrar, participe apenas de assuntos e questões nos quais se sinta à vontade, e jamais revele informações pessoais a terceiros.

CÍRCULOS LUNARES E EVENTOS BRUXOS

Círculos lunares e eventos de bruxaria são uma ótima maneira de se conectar com outras bruxas. Existem círculos, eventos e encontros, pessoais e/ou on-line, nos quais você pode obter apoio e se alinhar com suas crenças.

EVENTOS ON-LINE: Com o surgimento de aplicativos de videoconferência, fóruns digitais e blogs, os eventos on-line estão cada vez mais acessíveis, possibilitando que bruxas e bruxos do mundo todo se conheçam e façam magia juntos. Você também pode procurar sabás pagãos, eventos celestiais importantes ou fases da lua para começar a busca por eventos on-line, círculos e encontros.

Você e seu coven

117

OFICINAS

Não tem certeza se um coven é o ideal para você, mas ainda quer aprender coisas novas com outras bruxas? Procure workshops presenciais e on-line de alguma área da bruxaria que ensinem a fazer feitiços ou itens mágicos. A grande vantagem de participar dessas oficinas é que dá para aproveitar o que funciona para você sem prestar atenção no resto – porque, afinal de contas, a prática é sua. Se você tem preferência por uma área específica, pesquise encontros e oficinas relacionados a isso e se surpreenda com a quantidade de bruxas com os mesmos interesses que você. Não sabe por onde começar? Experimente algum dos tópicos e tipos de feitiçaria sugeridos a seguir:

BRUXARIA DOMÉSTICA: Magia dentro ou perto de casa. Inclui feitiços da cozinha, da casa de campo, da lareira, dos jardins e algumas práticas urbanas.

BRUXARIA NATURAL: Focada na natureza. Inclui magias do verde e da água, junto com outras práticas focadas como mar, clima, fogo, ar, cristais, fadas e elementais.

BRUXARIA TRADICIONAL OU PAGANISMO: Bruxaria com magias antigas e "raiz", ou seja, tradicionais. Essas atividades agregam folclore, divindades, aspectos culturais e práticas pagãs. Veja também bruxaria hedge, trabalho espiritual, trabalho de sombras, folclore europeu, magia cerimonial e Wicca.

BRUXARIA ECLÉTICA: Práticas mágicas modernas ou de nicho que incluem atividades envolvendo astrologia, adivinhação, bem--estar ou símbolos. Estes incluem astrologia, práticas intuitivas, tarô, magia de glamour, bem-estar, bruxaria secular, sigilos e esbás.

FOCO

O QUE É WICCA?

*R*eligião pagã moderna criada por Gerald Gardner em meados do século XX, a Wicca se fundamenta em antigas tradições pagãs e se concentra em práticas rituais. É uma religião duoteísta, ou seja, honra um Deus e uma Deusa. É comum encontrarem-se práticas ecléticas ou mais amplas da Wicca, variando do politeísmo ao monoteísmo da Deusa.

Às vezes, a Wicca é praticada junto de atividades da bruxaria, incorporando divindades ou fé; ela se concentra mais nos rituais do que nos feitiços e muitas vezes envolve regras que giram em torno do livre-arbítrio e do carma. Wiccanos seguem uma Rede, ou seja, um princípio básico, que determina: "Sem ninguém prejudicar, faça o que tu quiseres." Trata-se de um código moral. A bruxaria não é Wicca e não exige que se siga nenhuma regra ou estrutura. A bruxaria também pode ser secular ou acompanhada de outras religiões ou credos.

~ Capítulo 8 ~

OBJETOS
MÁGICOS

Objetos mágicos

Ferramentas são uma ótima maneira de amplificar a magia em rituais ou conjuração de feitiços, apesar de não serem obrigatórias.

Ferramentas e objetos não são inerentemente mágicos. Eles apenas ajudam a canalizar a sua energia e intenção.

Muitas bruxas usam ferramentas diferentes, a depender dos interesses de cada uma. Se você sente atração pela bruxaria verde, provavelmente usará mais ervas e cristais, frascos de botica, pilão e socador. Se sente atração pela bruxaria astrológica, provavelmente usará um rastreador de fases da lua, diários lunares e aplicativos digitais. Esses são dois exemplos de como é possível personalizar a prática.

Algumas ferramentas mais usadas por bruxas são os retábulos, diários como livro das sombras ou grimórios, cristais e pedras, ervas e flores, velas e incensos.

A maioria desses materiais para bruxaria pode ser comprada em lojas esotéricas físicas ou on-line, ou mesmo em mercados comuns. No entanto, saiba que nem sempre é necessário comprar ferramentas novas, você pode criar suas versões próprias usando utensílios domésticos ou materiais de artesanato.

Procure nas gavetas e armários da cozinha para ver se acha algo que dê para usar. Você vai se surpreender com o que pode inventar. Lembre-se sempre de que as ferramentas são exclusivamente suas, então seja o mais criativa e extravagante possível.

ALTARES E OBJETOS

Um altar é uma plataforma ou mesa que serve como área de trabalho para feitiços e outras práticas mágicas. Você pode escolher um cantinho em qualquer cômodo da casa, criar um altar portátil para usar em deslocamentos ou até montar altares ao ar livre.

As ferramentas do altar mudam de acordo com as tradições ou caminhos seguidos. Por caminhos entende-se os diferentes tipos de feitiçaria, como bruxaria verde, da água, dos elementais, do campo, da cozinha e muitos outros. Você pode incluir todo item que desejar, mas se quiser sugestões, use algum dos itens recomendados nas páginas seguintes.

Não se preocupe se a tarefa de criar um altar lhe parecer cara ou difícil demais. Com qualquer orçamento dá para criar um altar – contanto que ele seja funcional –, podendo variar dos mais simples até os mais elaborados e complexos.

IDEIAS ECONÔMICAS DE ALTAR: É possível montar altares econômicos usando fósforos para o elemento fogo, um punhado de terra colhida perto de casa ou sal de mesa para o elemento terra, uma varinha feita de graveto ou incenso para o elemento ar e tigelas de água para o elemento água. Você pode usar retalhos de roupas velhas para fazer amuletos de pano e uma caneta permanente para marcar sigilos em papel e/ou pedras.

PERSONALIZAÇÃO DE ALTAR: Muitas bruxas decidem personalizar o altar para que corresponda a um feitiço específico ou complemente um mês ou estação. Por exemplo, se você quer lançar um feitiço para o amor, é indicado usar no altar pétalas de rosa ou símbolos de amor. A preparação do altar deve ser uma atividade prazerosa, então explore a criatividade nessa tarefa.

Objetos mágicos

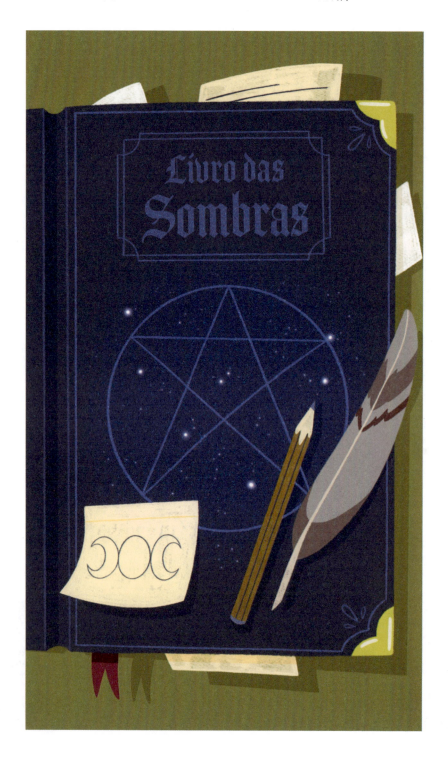

Objetos mágicos

LIVROS DAS SOMBRAS E GRIMÓRIOS

Muitas bruxas usam diários para registrar a prática, anotar feitiços, rituais, meditações, receitas, leituras e observações. Esses diários, comumente chamados de livros das sombras ou grimórios, ajudam no desenvolvimento da prática e proporcionam uma chance de descobrir e cultivar conhecimentos.

Embora os livros das sombras e os grimórios sejam diários, os livros costumam ter um tom mais pessoal, trazendo observações particulares sobre a magia da bruxa. Já os grimórios geralmente contêm anotações formais relacionadas a feitiços, sem incluir nada pessoal. Dá para ter um ou outro, ou ambos.

SEU LIVRO: Essa ferramenta sagrada abriga os elementos centrais do seu caminho e pode ser totalmente personalizada a seu gosto. Tente fazer o livro das sombras para registrar tentativas e erros em feitiços e o grimório para feitiços e correspondências finalizados. O livro das sombras e o grimório podem ser feitos em livros encadernados, fichários e até mesmo em versões digitais. São infinitas as opções e você pode soltar a criatividade. É importante notar que esses livros são um registro da sua jornada na bruxaria e devem, portanto, ser bem cuidados e estimados. Para ver sugestões de tipos de feitiços, confira o Capítulo 9. Quando criar um livro das sombras só seu, lembre-se de se divertir!

CRISTAIS E PEDRAS

Com uma ampla gama de usos, cristais e pedras são ferramentas corriqueiras na bruxaria. Os cristais são usados para cura, manifestação e trabalhos energéticos; as pedras, para marcações com símbolos e/ou sigilos. Apesar de vários feitiços pedirem muitos cristais e pedras diferentes, você pode começar usando apenas um quartzo, capaz de substituir outros cristais em quase todos os feitiços.

Os cristais também podem ser usados para fins divinatórios e arranjos cristalinos, ou incorporados a ferramentas de feitiçaria para amplificar a força. Há bruxas que usam cristais para fazer marcações físicas ou demarcar limites para feitiços de proteção ou círculos sagrados.

Cada cristal é único, então consultar guias ou listas de correspondências de cristais pode ajudar a escolher as pedras que você deseja. Ao usá-los, não esqueça de limpá-los com água ou fumaça e carregá-los com sua energia ou a da lua entre um e outro uso. A melhor fase da lua para carregar cristais é a da lua cheia, então já anote no calendário para não esquecer.

GUIA GERAL DAS CORES DOS CRISTAIS

- **Cristais amarelos** beneficiam a mente, a comunicação e a lógica.
- **Cristais azuis** ajudam nas emoções, na intuição e na cura.
- **Cristais verdes** promovem riqueza, sucesso e paz.
- **Cristais vermelhos** auxiliam na vitalidade, energia e paixão.

Objetos mágicos

ERVAS, ÁRVORES E VEGETAIS

Todos os tipos de plantas são usados – seja pelos sabores, seja pelos aromas – na alimentação, na fabricação de remédios e fragrâncias e, claro, também na bruxaria. Cada plantinha tem propriedades que podem ser aproveitadas para curar e guiar você no caminho da bruxaria. Das raízes encontradas no subsolo até as folhas que repousam nas árvores mais altas, toda a flora pode ser usada na nossa prática.

Para trabalhar com ervas, árvores e plantas, o ideal é começar perto de casa. Quais são as plantas nativas da sua cidade? É possível ferver, misturar e moer vários tipos de folhas, cascas, caules e flores para fazer preparações mágicas como chás, óleos e pós para defumação e incensos, amuletos e feitiços.

CHÁS: Uma receita básica para usar ervas é misturar de uma a duas colheres (chá) com água fervente e deixar em infusão de 5 a 10 minutos. Quanto mais resistente for a erva, maior deverá ser o tempo de infusão.

ÓLEOS: Você pode fazer óleos básicos de ervas da seguinte maneira: num frasco, misture a planta seca com um óleo, que pode ser azeite de oliva, óleo de amêndoas, de sementes de uva, abacate ou damasco. Deixe as ervas descansarem no óleo de quatro a seis semanas. Para um produto de uso instantâneo, você pode substituir as plantas secas por algumas gotas de óleo essencial.

AMULETOS: Para a maioria dos amuletos, triture ervas secas, cascas e plantas e coloque-as misturadas em trouxinhas ou frascos da sorte.

VELAS E INCENSOS

As velas podem trazer força aos feitiços, além de ajudar em atividades energéticas ou divinatórias. Você pode ungi-las com óleos, decorá-las com ervas ou gravar símbolos e sigilos nelas.

Elas nos possibilitam nos conectarmos com a energia ao nosso redor; é por isso que os feitiços com velas são a maneira mais fácil de entrar na bruxaria. Quando queimadas com propósito, propiciam desejos e amplificam pensamentos.

VIDA ÚTIL E TIPOS DE VELAS: Velas maiores levam mais tempo para queimar. Ao trabalhar com elas, o ideal é usar as de difusor, as de sete dias ou as comuns. Importante: não reaproveite velas queimadas em feitiços novos, assim você evita misturar energias

Objetos mágicos

e intenções antigas com o feitiço atual. Geralmente, as velas entre 13 a 18 cm de altura têm duração de 90 a 100 horas; velas votivas menores, de 10 a 15 horas; velas altas de 30 cm duram de 9 a 12 horas; e velas baixinhas para difusor, apenas de 4 a 6 horas.

O incenso é uma ferramenta semelhante às velas na função de ajudar a criar atmosferas, mas com o bônus de também eliminar as energias negativas. É muito usado para limpeza, purificação e definição de intenções.

VARIEDADES DE INCENSO: Incensos podem ser inflamáveis ou não inflamáveis. Os inflamáveis contêm salitre para ajudar na queima e vêm em formato de cone, varinha e bobina. Os incensos não inflamáveis devem ser queimados em um disco de carvão. Geralmente os incensos desse tipo vêm em misturas soltas, não modeladas. Use a criatividade com seus objetos mágicos e confie na sua intuição.

FOCO

ONDE FAZER FEITIÇOS

A localização do feitiço pode ser tão importante quanto os ingredientes e/ou as ferramentas mágicas usadas. A localização escolhida pode ser um convite para um clima de paz e harmonia ou de caos e incerteza. Pratique o ofício num lugar em que você se sinta confortável e segura.

Você pode reservar uma área de casa para montar um altar e um cantinho sagrado, ou pode alterá-lo sempre que for lançar um feitiço.

Dá para fazer feitiços em lugares diferentes da casa (um na cozinha, um no banheiro, um no quarto, ou mesmo do lado de fora), não há área errada para praticar magia. O importante é a intenção por trás da escolha do espaço: é por conveniência? É por ser calmo? Porque tem uma energia natural?

Seja onde for, o importante é usar sempre a intuição e a intenção como guias.

FOCO

O PAPEL DA LUA

LUA NOVA: Tem potencial ilimitado, como uma página em branco. Assim, é uma fase perfeita para feitiços voltados para novos começos, aperfeiçoamento pessoal, manifestações, paz e atividades oraculares.

LUA CRESCENTE: Nessa fase a lua está ficando maior, sendo perfeita para feitiços que usam energias de crescimento, como criatividade, sorte, coragem, saúde, finanças, equilíbrio, motivação e amor.

LUA CHEIA: Ocorre quando a lua está redonda e com brilho total no céu, no auge da força. A lua cheia é perfeita para feitiços relacionados a espiritualidade, energização, decisões, saúde e êxito.

LUA MINGUANTE: Significa que a lua está diminuindo em tamanho. É o momento perfeito para realizar feitiços voltados para aterramento, liberação, eliminação, banimento, transições, obstáculos e equilíbrio.

LUA NEGRA: Antes da lua nova ocorre a lua negra, ou balsâmica, momento em que ela não fica visível no céu noturno. Essa fase é ideal para feitiços voltados para intuição, banimento, proteção, limpeza, meditação e trabalhos energéticos.

~ Capítulo 9 ~

FEITIÇOS

Feitiços

É por meio de feitiços que praticamos magia. Eles ajudam a trazer mudanças na nossa vida e um sentimento profundo de autoconfiança. Há vários tipos de feitiços, como:

- Atração e invocação
- Bloqueio e interrupção
- Banimento e expulsão
- Absorção e carregamento
- Representação

A partir daqui, você já pode começar a pensar em ideias para seus feitiços. Quer mais riqueza material? Tente um feitiço de atração. Quer interromper uma fase de má sorte? Tente um feitiço de bloqueio.

Depois de aprender a identificar os diferentes tipos de feitiços que deseja fazer, comece a buscar correspondências para os ingredientes. Por exemplo, se você sempre faz feitiços relacionados a dinheiro, é uma boa ideia ter à mão hortelã, manjericão, cristais verdes, folhas de louro ou outros símbolos que representem dinheiro, como moedas.

FEITIÇOS DE ATRAÇÃO E INVOCAÇÃO

Muitos dos feitiços de atração e invocação envolvem amor, prosperidade e positividade, atraindo ou manifestando mudanças para você. A fim de potencializar feitiços de atração e invocação, você pode incorporar mais correspondências ou seguir um cronograma, por exemplo, de acordo com as fases da lua.

TROUXINHA PARA ATRAÇÃO: Crie um feitiço usando ingredientes carregados com as suas intenções. Você pode usar saquinhos fechados com barbantes, garrafinhas ou caixinhas para guardar os ingredientes. Para amor, use pétalas de rosa, cristais cor-de-rosa ou vermelhos e especiarias como canela ou gengibre.

CÂNTICO DE INVOCAÇÃO: Ótima forma de economizar na quantidade de ingredientes, sem abrir mão de uma magia potente. Para fazer um feitiço básico de invocação, crie um cântico, oração ou encantamento com significado. Use palavras como "Eu atraio para mim…" ou "Eu invoco…". Não é obrigatório rimar as palavras, apenas se quiser. Há rimas que podem ser bastante avançadas. Muitas bruxas lançam feitiços desse tipo para invocar os elementos, criar um círculo sagrado ou expressar suas intenções em voz alta.

VOCÊ TAMBÉM PODE SER UMA BRUXA

FEITIÇOS DE BLOQUEIO E INTERRUPÇÃO

Os feitiços de bloqueio servem para parar fofocas, roubos e hábitos que você queira romper. São inofensivos para os outros, mas afastam os ataques e as negatividades do caminho. Você também pode usar esses tipos de feitiços para dormir melhor, interrompendo pesadelos e ruídos indesejados. A maioria desses feitiços utiliza ervas, especiarias, velas mágicas, encantamentos, palavras, sigilos e também o elemento gelo.

PESADELOS: Interrompa pesadelos e evite que eles se repitam criando um sachê de sonhos ou amuleto de pano recheado de ervas. Experimente uma mistura de lavanda, camomila, tomilho e louro.

FOFOCA: Para acabar com as fofocas, encha um pote mágico com especiarias como cravo-da-índia e pimenta e carregue-o consigo. Antes de colocar as especiarias no frasco, triture-as grosseiramente, para ativar e liberar os aromas. Você também pode adicionar sal para potencializar a força da mistura e, se ainda tiver espaço no frasquinho, adicione um pequeno pedaço de papel escrito com a sua intenção. Outra opção é escrever sua intenção de acabar com a fofoca e colocar o papel no congelador. Para aumentar a eficácia, tente incluir o máximo de detalhes possível.

FEITIÇOS DE BANIMENTO E EXPULSÃO

A diferença dos feitiços de banimento para os de interrupção é que ao banir, além de interromper as situações ruins, as mandamos para bem longe. São feitiços ideais para afastar energias negativas ou indesejadas. Muitos deles incorporam os elementos. Use incenso para representar o ar, velas para o fogo, água consagrada para água e solo para terra. Você pode juntar todos os elementos ou usá-los individualmente para criar um feitiço próprio de banimento.

FEITIÇO DE FOGO: Escreva o que deseja banir em um pedaço de papel e acenda uma vela. Queime a borda do papel dentro de um recipiente à prova de fogo, como um caldeirão de ferro fundido, e deixe-o incinerar.

FEITIÇO DO AR: Prepare um incenso de banimento usando ingredientes como pimenta, cravo-da-índia, sangue de dragão, tomilho, manjericão, cedro ou alecrim. Acenda o incenso, anote ou diga as intenções e deixe o incenso levá-las no ar.

FEITIÇO DA ÁGUA: Em uma tigelinha de água, adicione uma colher (chá) de sal e mexa até misturar. Concentre-se nas suas intenções enquanto mistura. Leve a tigela de água ao ar livre. Crie um cântico ou encantamento para dizer enquanto borrifa a água em volta dos pés.

FEITIÇO DA TERRA: Concentre-se nas suas intenções e escreva o que quer eliminar num pedaço de papel ou folha de louro. Enterre a anotação cobrindo-a com uma camada de solo.

Feitiços

VOCÊ TAMBÉM PODE SER UMA BRUXA

FEITIÇOS DE ABSORÇÃO E CARREGAMENTO

São feitiços voltados para aumentar os níveis de energia. Você pode absorver energia diretamente ou fazer feitiços de carregamento com cristais ou água. Criar um cristal (ou água) carregado é uma ótima maneira de armazenar energia para usos futuros. Essas atividades são excelentes para atrair ou invocar feitiços, porque dá para personalizar os tipos de propriedades desejados para a energia.

CENTRAMENTO: Uma ótima maneira de aumentar ou absorver energia para feitiços. É mais forte quando usado em conjunto com a meditação e até com técnicas de respiração. Sente-se em um lugar e uma posição confortáveis e concentre-se na sua ligação com o solo. Visualize um fio de energia ligando você à terra sob os pés, seja diretamente no chão ou a 15 metros de altura, para quem está em apartamento. Depois que essa conexão for estabelecida, sinta o fio de energia preenchendo o seu ser.

CARREGAMENTO: Coloque um cristal ou jarra de água no parapeito da janela durante uma noite de lua cheia. Se você achar seguro, pode também colocá-los no lado de fora da casa, por exemplo, no quintal. Dessa forma, seus objetos ficarão carregados com a energia da fase mais poderosa da lua, podendo ser usados em qualquer feitiço.

VOCÊ TAMBÉM PODE SER UMA BRUXA

FEITIÇOS E ENCANTAMENTOS DE REPRESENTAÇÃO

Feitiços de representação possibilitam relacionar simbolismo a objetos ou pessoas. Esses feitiços são associados a simpatias, também chamadas de magia conectada por imitação ou correspondência. Uma forma muito difundida desse tipo de magia é o uso de bonecos para relacionar feitiços a pessoas.

Os feitiços para sorte não precisam ser tão específicos quanto os de bonecos; você pode produzi-los em frascos ou trouxinhas montando camadas de ingredientes como cristais, ervas, especiarias, sais e símbolos. Você também pode escrever palavras ou símbolos, para enriquecer o encantamento. Quanto mais ingredientes usar, mais correspondências ou significados poderão ser atribuídos ao amuleto. Por exemplo, se quer fazer um encantamento voltado para o amor, encha um potinho com pétalas de rosa; mas se quer um encantamento voltado para o amor-próprio, pode usar pétalas de rosa cor-de-rosa, cristal de quartzo rosa e sais, como o do Himalaia, para potencializar e direcionar mais o trabalho.

FEITIÇO COM BONECOS: Para ajudar na cura de uma doença, costure uma boneca com agulha e linha. Preencha-a com algodão, ervas e símbolos que representem você. Pode usar também mecha de cabelo, uma foto pequena sua e ervas curativas como gengibre, urtiga, raiz de valeriana e camomila.

FOCO

MELHORES DIAS PARA FEITIÇOS

*E*m geral, bruxas fazem o planejamento de feitiços de acordo com dias da semana, com o objetivo de se conectarem à energia dos astros e planetas. Siga esse cronograma e veja que suas magias ficarão mais fortes em dias específicos.

- **SEGUNDA-FEIRA**
  <u>Astro:</u> Lua
  <u>Energia:</u> Sonhos, família, intuição, sabedoria, mensagens, ilusão, adivinhação, magia da água, limpeza, renovação, sono, paz, emoções

- **TERÇA-FEIRA**
  <u>Astro:</u> Marte
  <u>Energia</u>: Êxito, conflito, iniciação, força, vitória, coragem, defesa, afastamento, proteção, competição, ambição, ataques psíquicos, aptidões

- **QUARTA-FEIRA**
  <u>Astro:</u> Mercúrio
  <u>Energia:</u> Comunicação, criatividade, mensagens, sorte, viagens, percepção, aprendizado, comércio, negócios, dinheiro, adivinhação

FOCO

- **QUINTA-FEIRA**
  <u>Astro:</u> Júpiter
  <u>Energia:</u> Abundância, poder, sorte, fortuna, saúde, prosperidade, contratos, negócios, autoridade, bênçãos, assuntos jurídicos, fertilidade, desejos, lar

- **SEXTA-FEIRA**
  <u>Astro:</u> Vênus
  <u>Energia:</u> Amor, romance, casamento, fertilidade, sexualidade, cura, proteção, beleza, amizade, crescimento, atração, simpatia, reconciliação, amor-próprio, espelhos, artesanato

- **SÁBADO**
  <u>Astro:</u> Saturno
  <u>Energia:</u> Meditação, habilidades psíquicas, defesa, liberdade, comunicação, espíritos, proteção, sabedoria, limpeza, negatividade, paciência, luto

- **DOMINGO**
  <u>Astro:</u> Sol
  <u>Energia:</u> Êxito, criatividade, esperança, autoexpressão, fortuna, fama, riqueza, exorcismo, liderança, alegria, renovação, mudança, saúde, vitalidade, crescimento, clareza, afirmações

FOCO

SUBSTITUIÇÕES EM FEITIÇOS

*Q*uando falamos de feitiçaria, um dos aspectos que mais geram angústia são os ingredientes. "E se não achar o acônito?", "E se não tiver jasmim?", "E se o açafrão estiver em falta?". Pois saiba que é possível encontrar substituições para os feitiços baseando-se nos propósitos, nos aromas e na intuição. Às vezes o melhor substituto nos feitiços é confiar no seu taco!

Por exemplo, se você precisa de noz-moscada para fazer um feitiço de dinheiro, mas não tem, é hora de pensar em substituições. Anote observações sobre a cor, o cheiro e o tamanho dos ingredientes que precisa substituir. Veja um exemplo: ao ser moída, a noz-moscada parece canela em pó. Ambas têm aromas fortes semelhantes, são quentes e têm cores parecidas. O gengibre em pó também pode ser uma boa substituição, pelos mesmos motivos. Embora de cor mais clara, tem propriedades aromáticas e de aquecimento.

Se você também precisava de hortelã para aquele feitiço de dinheiro e não tiver, liste as qualidades da erva. É verde, macia e com um leve aroma característico. Para a hortelã são ótimos substitutos o manjericão, a erva-cidreira, o alecrim e a sálvia. Outro detalhe relevante dessas ervas é que todas pertencem à família da hortelã.

~ *Capítulo 10* ~

ESCOLHA O SEU
ANIMAL

Escolha o seu animal

A associação de bruxas e bruxos com espíritos animais mostra que essa relação é muito antiga, entrelaçada nos fios da história – no folclore, em práticas xamânicas e tradições do mundo todo. Entende-se essa ligação como o vínculo especial de animais com bruxas; no entanto, essa ligação vai muito além do que se imagina.

Entre os séculos XV e XVII na Europa, dizia-se que as bruxas tinham entidades ou espíritos que as ajudavam na feitiçaria. E ainda de acordo com essa crença, esses seres geralmente tinham forma de animal – ou o popularmente conhecido gato preto. O pobre do gato, dependendo do ponto de vista histórico, é percebido como agente de sorte ou de azar.

No Egito Antigo, os gatos eram considerados fontes de sorte e protetores da deusa Bastet, simbolizando imortalidade e longevidade. A mudança da percepção – a de que em vez de sorte os gatos traziam azar – aconteceu quando o cristianismo começou a ser imposto. A prática de qualquer forma de religião pagã passou a ser considerada ilegal, e o gato preto acabou sendo identificado como parte das crenças pagãs. Em um decreto, o imperador romano Teodósio proibiu o culto aos espíritos guardiões do lar. Quem fosse pego com gatos pretos sofria perseguições. Agora, dando um salto no tempo para os dias atuais, podemos dizer que os gatos ainda são vistos como companheiros de bruxas, devido aos acontecimentos da história.

No entanto, os nossos aliados podem ser qualquer animal, e não apenas gatos. Eles podem ser seu animal de estimação ou um espírito visitante, seja em forma física, em forma de sonho ou de reinos astrais. Qualquer animal com quem você escolha trabalhar e que escolha você para essa parceria pode ajudar a trazer clareza, inspiração e proteção aos feitiços. Essa relação é construída na base da confiança e da amizade. E essas conexões podem criar um impacto positivo e duradouro em sua prática bruxa.

VOCÊ TAMBÉM PODE SER UMA BRUXA

FAMILIARES

A palavra *familiar* vem do latim *familiaris*, e significa "servo", ou aquilo que "pertence a uma família ou casa". Apesar de historicamente conhecidos como servos das bruxas, os familiares de hoje são vistos como companheiros. O companheirismo construído entre um familiar e uma bruxa deve ser mutuamente benéfico e respeitoso.

O fato de se ter um familiar não deve ser visto como uma relação unilateral, mas como uma situação de troca mútua de serviços, como assistência nos trabalhos de feitiço ou de bens por comida ou moradia. O familiar, em troca, tende a ajudar mais nas tarefas de bruxaria.

SEU FAMILIAR: Para confirmar se você já tem um familiar ou para saber quais qualidades buscar em um, atente-se para o seguinte:

- Um animal ou bicho de estimação visitou você aleatoriamente e voltou.
- Você entende o animal ou bicho de estimação, e ele entende você.
- Se você mora com outras pessoas, o animal ou bicho de estimação só tem vínculo com você.
- Sua intuição lhe diz que ele é o familiar.

GUIAS ANIMAIS

Os guias animais, ou *fetch*, têm um conceito bem semelhante, referindo-se à aparição de uma pessoa, espírito duplo ou espectros. Diz-se que um espectro é um espírito ou imagem fantasmagórica de alguém. O uso de *fetches* é predominante nas práticas europeias, sendo uma forma de manifestar o desejo. O conceito nasce da ideia central de que o indivíduo pode separar uma parte de si mesmo para determinados propósitos.

O *fetch* é o assistente de um praticante, em uma dinâmica bem parecida com a do familiar. Trata-se de uma entidade que realiza

os desejos da bruxa. Ele também pode ser usado para projetar o duplo de uma bruxa em um voo astral ou em experiências extracorpóreas, sendo muito usado em práticas de viagens ou projeções astrais. Ajuda no voo astral guiando, protegendo e auxiliando o praticante.

PLANO ASTRAL: Para começar a trabalhar com *fetches* no astral, você precisa primeiro estar habituado e familiarizado com alguma prática de meditação. Quando já estiver à vontade com essa prática, o próximo passo é introduzir estados de transe usando auto-hipnose. Depois disso, comece a visualizar sua forma astral. Para aumentar sua segurança na prática, estude outros textos sobre projeção antes de tentar o voo astral.

ANIMAIS DE PODER E GUIAS ESPIRITUAIS ANIMAIS

Embora o conceito de animal de poder, totem ou guia animal exista há um tempo, "animal de poder", ou *spirit animal*, só foi surgir nos anos 1980, quando as práticas pagãs e wiccanas passaram a adotar o termo. Foi só na década de 1990 que ele começou a ser usado na cultura pop. Muitas culturas indígenas norte-americanas usam totens, que remetem ao parentesco ou símbolo animal de uma família ou clã. Estudando as culturas indígenas da América Central pré-colombiana, encontramos menções ao nagual, que se refere a um guia protetor, aliado ou guia espiritual. O uso específico de totens e naguais é sagrado para essas culturas indígenas, sendo inclusive considerado uma prática fechada; ou seja, eles foram criados especificamente para elas.

O que todos esses espíritos ou entidades têm em comum é o relacionamento específico entre uma pessoa e o espírito, independentemente da forma que este assume. Hoje em dia é comum vermos relacionamentos entre tipos de animais e espíritos. Isso se dá graças ao simbolismo e ao significado encontrados em todas as espécies animais.

ORÁCULOS ESPIRITUAIS: Se você tem interesse no simbolismo dos espíritos e animais, procure um baralho de oráculo espiritual. Eles existem para ajudar a compreender a representação simbólica de guias animais na prática de bruxaria.

VOCÊ TAMBÉM PODE SER UMA BRUXA

FADAS E MOIRAS

Fadas assumem inúmeras formas – no decorrer da história humana há registro de várias lendas sobre elas. O termo *fada*, que vem do latim *fata*, significa "fadário", plural de *fatum*, que significa "destino" ou "fado". Nas mitologias grega, romana e nórdica, eram associadas às deusas do destino, e entre as culturas espalhadas mundo afora encontram-se paralelos também em relação às fiandeiras do destino. As fadas eram muito associadas com nascentes, poços e lugares tranquilos e naturais, que recebiam oferendas em troca de bênçãos na vida.

As fadas também já foram relacionadas às deusas do nascimento, da vida, da morte, da fertilidade e da proteção, sendo frequentemente simbolizadas com rocas de fiar, teias de aranha e outras formas de fios.

TRILHA DAS FADAS: Saia para fazer uma trilha ou passear a pé em qualquer lugar com muitas árvores e sente-se em silêncio. Permita-se ser invadida pelo sentimento de senciência da vida, conecte-se com essa energia. Você também pode preparar uma oferenda natural para pedir que seu caminho seja abençoado. Ofereça mel puro, pães de mel, leite na xícara, amêndoas e até um arranjo floral montado por você.

SERES ELEMENTAIS

Os quatro elementos clássicos (terra, ar, água e fogo) são muito importantes dentro das práticas de bruxaria. Relacionados aos pontos cardeais, às estações, ao tempo, aos signos do zodíaco e a outras correspondências, esses elementos também estão entrelaçados no folclore, na mitologia e na literatura, apresentando-se como seres e espíritos que lembram as bruxas da importância da natureza. Um familiar elemental pode se apresentar a você através da natureza, em espírito, objetos e símbolos. Você pode usar seres elementais para se ligar à energia do mundo natural por meio de qualquer uma das formas listadas na página a seguir.

TERRA

Direção: Norte (hemisfério sul)
Elemental: Gnomos
Signos do zodíaco: Capricórnio, virgem e touro
Estação: Inverno
Hora do dia: Meia-noite
Fase da vida: Ancião

AR

Direção: Leste
Elemental: Silfos
Signos do zodíaco: Gêmeos, libra e aquário
Estação: Primavera
Hora do dia: Amanhecer
Fase da vida: Nascimento

ÁGUA

Direção: Oeste
Elemental: Ondinas
Signos do zodíaco: Câncer, peixes e escorpião
Estação: Outono
Hora do dia: Pôr do sol
Fase da vida: Maturidade

FOGO

Direção: Sul
Elemental: Salamandras
Signos do zodíaco: Áries, leão e sagitário
Estação: Verão
Hora do dia: Meio-dia
Fase da vida: Juventude

FOCO

ANIMAIS FAMILIARES

*A*nimais de estimação são bichos domesticados, a exemplo de cães e gatos, que podem virar familiares ou companheiros de bruxaria. No entanto, também existem animais de estimação menos comuns, como peixes, pássaros, roedores ou répteis.

- **CÃES:** Simbolizam amor incondicional e lealdade, proteção, devoção, fidelidade e fé. São guardiões confiáveis e símbolos de autenticidade.

- **GATOS:** Simbolizam intuição, curiosidade, proteção, elegância, independência, liberdade, iluminação, equilíbrio e esperança. São sábios e símbolos da bruxaria.

- **PEIXE:** Formam uma conexão forte com o elemento água e são símbolos das profundezas do inconsciente, purificação, cura e emoções. Também estão relacionados com conhecimento, transformação, criatividade e feminilidade.

- **ROEDORES:** Por conta do tamanho, os roedores simbolizam as possibilidades da vida e a capacidade de realizar ou se adaptar a qualquer coisa, independentemente das circunstâncias. Têm uma conexão forte com o elemento terra.

- **RÉPTEIS:** Vários répteis trocam a pele, o que simboliza regeneração, imortalidade e o ciclo da vida. Assim como os roedores, também costumam ser relacionados ao elemento terra e, às vezes, ao fogo.

ANOTAÇÕES

ANOTAÇÕES

ANOTAÇÕES

ANOTAÇÕES

AMBROSIA HAWTHORN é uma bruxa, fundadora da *Witchology Magazine*, autora de *O livro de feitiços para novas bruxas*, *Seasons of Wicca* e *The Wiccan Book of Shadows*. Também é astróloga, taróloga e fitoterapeuta. Sua prática da bruxaria é eclética e se concentra na conexão entre o mundo natural e o poder interior. Dá aulas de bruxaria em Venefica Cottage.

GIULIA VARETTO é uma ilustradora italiana que mora em Milão. Suas principais fontes de inspiração são a natureza e a magia. Ela explora a conexão entre humanos e o mundo natural por meio de contos de fadas e ilustrações oníricas. Sua curiosidade e paixão pela bruxaria e pelo esoterismo a levou a descobrir o folclore e a mitologia da Wicca.

Para saber mais sobre os títulos e autores da Editora Sextante,
visite o nosso site e siga as nossas redes sociais.
Além de informações sobre os próximos lançamentos,
você terá acesso a conteúdos exclusivos
e poderá participar de promoções e sorteios.

sextante.com.br